Erlebter Glaube

Alexander Hermann Nicolai Hansen

Erlebter Glaube

Erzählungen – Berichte – Beschreibungen

ISBN 3-8311-2362-4

Dieses Buch in seiner Gesamtgestaltung ist vom Autor strukturiert worden, dessen Fundes auch die Fotografien entnommen sind, außer den Bildern der Orgeln in der St. Marienkirche, Lübeck, deren Übernahme vom Organisten Herrn Prof. Erich Stender genehmigt wurde.
Der Textinhalt ist weitgehend nach den neuen amtlichen Rechtschreibregeln bearbeitet.

Ausgabe ab 2001

In dankbarer Erinnerung an meine Taufpaten

Alexander Graf von der Goltz
Hermann Lüneburg
Nicolai Hansen

Mein Dank gilt besonders Edith Meinke, Lübeck, deren Zeichnungen ich verwenden durfte, sowie Rosemarie Thiel, Berlin, die als ‚Lektorin' am Inhalt und Werden intensiv mitgewirkt hat und letztendlich der Mitarbeit von Irmtraud Völtz, Norderstedt.

Die Anregung für die Erzählungen gaben Lisa Blume, Hanna Brinkmann, und Edith Meinke. An dieser Stelle mein besonderer Dank dafür.

Was findet man wo:

ZUM GELEIT

Liebe Leserin, lieber Leser!

„Es werden viel zu viele Bücher geschrieben", sagt schon seit gut 2.500 Jahren die Bibel –, und nun auch noch dieses Büchlein. „Wenn dein Buch nicht vorhanden ist, dann wird man es nicht vermissen!", sagt man auch. Nun aber ist es da! Wird man es vermissen?

Unter der Güte des Allmächtigen habe ich acht Lebensjahrzehnte erleben dürfen und es war ein Zeitabschnitt mit drei Konstellationen. Die drei Abschnitte dieser Zeit möchte ich wie folgt charakterisieren:

- ➢ Der mit dem Ende der Kaiserzeit beginnender Wertewandel und die sich anbahnende verheerende Zeit großer Arbeitslosigkeit.
- ➢ Das Regime des Nationalsozialismus bis zum völligen Zusammenbruch.
- ➢ Dann die Stunde Null der Bundesrepublik Deutschland und ihre Entwicklung bis zum heutigen Tag.

Will Quadflieg sagt als Herr Sachs im TV-Spielfilm ,Der große Bellheim': „Wenn man älter wird, denkt man nicht – man erinnert sich." Ich denke allerdings doch (!), nämlich ein Angebot zu machen: Dem Jüngeren vorzustellen, wie es gewesen ist, dem Älteren das Gestern und das Heute in Erinnerung zu bringen; beide jedoch ahnen zu lassen, was es ist: Erlebter Glaube!

„Es heißt, die alten Leute hätten Weisheit, ihr hohes Alter gäbe ihnen Einsicht." So steht es in Hiob 12,12.[1] Luther stellt in seiner Übersetzung diesen Satz etwas ausgeprägter als Frage: „Bei den Großvätern nur soll Weisheit sein und Verstand nur bei den Alten?" Dies wäre mit einem *Nein* zu beantworten; denn es ist in heutiger Zeit deutlich geworden, dass nur noch ein jung gebliebener Geist den Anforderungen der Kommunikationstechnik, der Forschung und der weiteren Entwick-

---

[1] Gute Nachricht Bibel

1

lung auf allen Gebieten des Beruflebens gewachsen sein kann. An dem älteren Menschen ist vieles von dem Neuen dieser Zeit vorbei gegangen; denn „sie [die Zeit] fähret schnell dahin, als flögen wir davon." (Ps. 90, 10)

Eigentlich ist **das Alter** eine **ehrenvolle Zeit** des Menschen. Beiden aber, dem älter gewordenen und dem noch jung sein dürfenden Menschen sollte stets bewusst sein: „Bei Gott ist wirklich Weisheit, Rat und Einsicht und auch die Macht, Geplantes auszuführen." Jedenfalls erkannte dies schon vor einigen tausend Jahren Hiob. Geschrieben steht es im 12. Kapitel Vers 13. Und geht man tiefer in diese Gedanken ein, so ist Hiobs Hinweis eine gute Beweisführung für Jung und Alt, nämlich: „Doch was den Menschen klug macht, ist der Geist, der Hauch, den Gott ihm eingeblasen hat. Ob einer weise ist, liegt nicht am Alter; was recht ist, weiß man nicht aufgrund der Jahre." (Hiob 32, 8+9)

Da die Angst vor dem Älterwerden seit eh und je die Menschen plagt und man sich wegen der Falten im Gesicht und des langsameren Ganges geniert, möchte ich mit den in diesem Buch enthaltenen Aufsätzen und Berichten allen Lesern Mut machen das Älterwerden anzunehmen und ihren Lebensweg stets der Leitung Gottes anzuvertrauen. Lebenserfahrungen, mehr noch Glaubenserlebnisse eines Menschenlebens, lassen sich nicht vererben. In dieser Erkenntnis fühle ich mich verpflichtet, dem freundlichen Leser in meinen Darlegungen mitzuteilen, wie es auch Jesus Christus sagt: „Was Menschen zur Welt bringen, ist und bleibt von menschlicher Art. Von geistlicher Art kann nur sein, was vom Geist Gottes geboren wird."

Das ist Pfingsten!
Auf! Nur zu! Die Ewigkeiten liegen vor uns!

Alexander Hermann Nicolai Hansen

Pfingsten 2001

Das wichtigste Stück des Reisegepäcks
ist und bleibt ein fröhliches Herz.
Hermann Löns

ETWAS BESONDERES

Anfang der fünfziger Jahre Urlaub zu machen war etwas Besonderes. Johannes und ich fassten den Plan und wollten das Besondere: Gemeinsame Ferientage in der Holsteinischen Schweiz. Er fuhr mit der Bahn. Ich nahm, aus Kostengründen, ein geliehenes Fahrrad und begab mich auf den Weg. Unser Reiseziel war Malente-Gremsmühlen. Dort hatte Johannes ein Mansarden-Zimmer gemietet, so wie es unseren Verhältnissen entsprach: schlicht, preisgünstig und genügsam. Aber, und das war sehr schön, direkt an der Strandpromenade des Dieksees gelegen. Diese Ferientage wollten wir genießen: Keine Verpflichtungen, keine Aufgaben, einfach nur wie ein Vogel in der Luft, so frei und unbeschwert.

Der Anreisetag war ein schöner warmer Maientag. Dadurch wurden wir ermutigt, etwas *Besonderes* vorzunehmen: Eine Fußwanderung um den Kellersee!

Nun, der Plan stand fest. Hans rief begeistert: „Machen wir's doch gleich morgen und beginnen das große Abenteuer unseres Urlaubs!" Zögernd überlegte ich und entgegnete: „Bedenke, ich bin heute schon einhundert Kilometer mit dem Rad gestrampelt, und du willst ..."

Fußweg um den Kellersee

„Ja, gleich morgen schon, das Wetter ist doch für uns

3

richtig gemacht", rief Hans in den Raum, drehte sich wie im Tanz und sang hingerissen: „Der Mai ist gekommen,/ die Bäume schlagen aus,/ wir wandern schon morgen,/ recht fröhlich aus dem Haus ...!"

„So wandern wir, wir beide,/ wohl um den Kellersee herum,/ und pfeifen und singen: / 'fidi, fidi bum!'" ergänzte ich fröhlich den neu gereimten Liedvers.

Der erste gemeinsame Urlaubstag begann. Ein neuer Tag! Doch der zeigte sich anders als erwartet, nämlich neblig, trüb, diesig und feucht! Was nun tun? Einpacken und Trübsal blasen? Aber wir hatten kein Blasinstrument, nein! Unsere Zuversicht jedoch ließ uns nicht im Stich. Wir packten unseren Proviant ein und zogen optimistisch in den Tag.

In der Nacht hatte es sicherlich geregnet. Wir mussten viele Wasserpfützen umgehen. Der Wanderweg im Wald war etwas aufgeweicht, leicht matschig. Unser Frohsinn aber ließ uns wie Kinder einfach in die Pfützen tapsen. Wir sind ja Kinder, Kinder unseres Vaters im Himmel – und vielleicht auch große Jungen – immerhin! Nur eines passte nicht zu uns, das an den Herbst erinnernde Wetter. Es war doch Frühling! Kann oder könnte man dies ändern? Wir nicht, nein.

„Sollen wir die wenigen Tage unserer Freiheit mit trübem Wetter verbringen?" Diese Frage bewegte uns doch: „Da ist doch aber Einer, dem Wind und Meer gehorsam sind. Ja, wäre es da nicht ...? Sollen wir einen Versuch wagen? Nein, und abermals nein!"

„Wie ist es aber mit dem Glauben im Hinblick auf die Versetzung der Berge?" entsprangen in uns stille Gedanken –, so jeder für sich allein. Glauben dürfen wir! Daraus entwuchs unsere Meinung und stand fest: „Es müsste doch gegenüber der damals geschehenen Stillsetzung des Meeres auch umgekehrt vonstatten gehen können, nämlich etwas Wind aufkommen lassen." Fest überzeugt riefen wir wie aus einem Munde: *„Wind, komm' auf! Wind, komm' auf!"*

Unser Rufen hallte durch den Wald und das Echo lautete: *„Komm' auf!"* Optimistisch, wie wir nun einmal waren, marschierten wir weiter, um den Kellersee!

Um die Waldfrühlingsblumen zu betrachten, bück-te sich Johannes oft und sagte: „Wenn wir, mein Vater, meine Schwester Ilse und ich, durch den Möserwald bei Magdeburg spazierten, dann hatte unser Vater stets ein Buch 'Was wächst dort am Wege' bei sich, und wir haben daraus vieles verstehen und erlernen können."

Er konnte sich so richtig freuen; denn kleinwüchsige und zierliche Pflanzen am Wege erregten seine Begeisterung, und die Farbziselierungen an Blütenblättern zogen seine ganze Aufmerksamkeit auf sich. Er verglich das dann gern mit dem Jesuswort: „Sehet die Lilien auf dem Felde ...". Seine Dankbarkeit und seine Betrachtungsweise verschafften mir eine gute Anleitung für meine weitere Lebenshaltung.

„Dieser schöne Mischwald, das frische Grün an den Bäumen und das weite, weiche Blumenpolster der Buschwindröschen -, ach mein lieber Freund Alexander, wie dankbar dürfen wir sein nach dem Entsetzlichen des vergangenen Krieges ...".

Wir blieben stehen, hielten inne und horchten auf. „Rauscht es nicht in den Wipfeln der Bäume?" fragte Johannes, umfasste fest meinen rechten Oberarm und rief mit lauter Stimme: „Ja, kann es denn wahrhaftig sein?"

Gespannt guckten wir uns an. Wir sahen in die Baumwipfel und lauschten.

Die Wipfel bewegten sich tatsächlich! Es kann doch nicht, es wird doch nicht ...?

Wir staunten, verwunderten uns und riefen vor lauter Freude: „Wind!", warfen die Arme hoch und fingen an uns tanzend im Kreis zu drehen. Nun war er da, der erhoffte und erbetene Wind. Nur ein leichter Wind. Jedoch stark genug, dem Sonnenschein den Weg zu uns zu öffnen. Fröhlich, mit frischem Mut und dem aufkommenden Sonnenschein – auch im Herzen – wanderten wir nach Eutin.

Seerosenbucht

VERWUNDERUNG AM ABEND

Es wurde dämmerig, und wir, Johannes und ich, gingen nach einer längeren Wanderung ermattet und hungrig über die Strandpromenade am Dieksee entlang auf unser Quartier in Malente-Gemsmühlen zu. Von dieser Uferpromenade aus hat man einen guten Ausblick auf den langgestreckten See. Wir blieben stehen, um das idyllische und märchenhafte Landschaftsbild zu betrachten. Es hielt uns einfach fest. So verweilten wir und genossen den Anblick.

„Ein wahrhaft schönes Bild, wie ein Gemälde der Romantik von Runge", flüsterte ich, um die uns umgebende Stille nicht zu stören.

„Dann fang' man gleich zu malen an, um womöglich dieses Panorama im impressionistischen und individuell anregenden Stil abzubilden, wie Renoir", sagte Johannes und deutete mit beiden Armen einen Rahmen an. Dann aber wies er darauf hin: „Schöner wäre es, um auf den Betrachter einen gewaltigen Eindruck zu erwecken, es mit Licht und Schatten zu versuchen, wie es die Koryphäe Rembrandt bewerkstelligte." Er lächelte, und machte die Andeutung einer Verbeugung.

Der bezaubernde Anblick aber zog uns in den Bann.

Vor uns, in der Mitte des Sees, liegt eine kleine Insel mit niedrigem Baum- und Buschbestand. Wie eine über den See schwebende Krone hebt sie sich vom Horizont ab. Kaum sichtbar steigen zu beiden Seiten der Insel leichte Nebelschwaden auf. Allenthalben wird es nun dunstig. Nur ungenau sind die beiderseitigen Ufer noch zu erkennen. Die alten Baumbestände am linken Ufer erscheinen wie eine lange Gebirgskette. Davor liegt der aus einer Mischung von Grasbüscheln und weißem Sandstrand bestehende Uferstreifen, der wie mit geisterhaften gelbgrünlichen Fingern in den dunklen See hineingreift.

„Sind es Kühe, die dort auf der rechten Uferseite weiden, oder ist es Rotwild?" fragte ich leise und zeige nach halbrechts.

„So genau kann ich es auch nicht erkennen, aber Rotwild in einem Gehege, wie's noch zu sehen ist, wird's sicher nicht sein."

„Ein friedvolles Bild, es hat auf den Menschen eine wunderschöne Wirkung, um Frieden und Ruhe in sich Selbst zu finden, nicht wahr?"

„Ja, es ist herrlich", bestätigt Johannes.

Auf dem See schwimmen einige Wasservögel und ziehen im Wasser hinter sich spitzwinklig ausbreitende Wasserwellen her. In den Uferbuchten liegen einige Bläßhühner, Enten und Schwäne. Ein wahrhaft buntes Bild. Still und friedlich, in Gruppen verstreut, liegen sie dort. Doch plötzlich ist ein bellender Störenfried da. Von der Seitenstraße kommt der Kläffer daher und versucht seine Stärke gegenüber dem Federvieh zu demonstrieren. Hinter den Aufgeschreckten läuft er her, und das bisher Ruhe ausstrahlende Bild wird nun lebhaft und unruhig. Die Wasservögel erheben sich in die Luft und fliegen davon. Die Schwäne aber verteidigen ihre Stellung; mit ausgestrecktem Hals, und unter lautem Zischen vertreiben sie den Ruhestörer. Der kneift den Schwanz ein und trottet davon.

Was sagt der Volksmund?: „Es kann der Friedfertige nicht in Ruhe bleiben, wenn es dem Anderen nicht gefällt."

Alles hat sich wieder beruhigt. Die romantische Beschaulichkeit ist wieder eingekehrt. Wenn wir auch noch so müde sind, betrachten wir diese Idylle, als könnten wir sie mit den Augen einsaugen. Unsere Füße sind wie mit dem Erdboden verwurzelt, unsere Brust aber öffnet sich immer weiter. Der vom Wasser ausströmende Duft ist mehr und mehr zu verspüren und belebt uns. Unser Mensch-Sein öffnet sich zu dem Bewusstsein unserer Kleinheit vor der Schöpfung und ihrem Schöpfer. „HErr, wie sind deine Werke so groß.. !"

Dies alles wirkte damals beeindruckend auf uns. Der Duft des Wassers, das leichte Rauschen der Luft, das abendliche Trillern der Drosseln und das verschiedenartige Zwitschern anderer Vögel, es nahm unsere Sinne gefangen. Die Abendstille, die uns umgab, eine andere Stille, die Ruhe, die uns durchdrang, eine andere Ruhe, anders als gewohnt. War es die eigene innere Ruhe, die sanfte Ausgeglichenheit, die ansonsten unterdrückt wird? Kein unangenehmer Laut, kein unbedachtes Wort störte unsere Betrachtung. Wir waren wie versunken in eine bisher nie empfundene Wahrnehmungsfähigkeit. Wunderbar!

Dann die Überraschung, wir trauten unseren Augen nicht; urplötzlich und wie von Zauberhand verschwand das etwas nebulöse Bild. Ein Windhauch kräuselte das Wasser, wurde stärker und zeichnete ringförmige Wellenformationen auf dem See. Verschwunden die Nebelschwaden. Der Dunst war weggeblasen. Das verschwommene und diesige Landschaftsbild war verwandelt. Wir staunten über diese wahrhaft schnelle Veränderung, über die Klarheit und Deutlichkeit der Einzelheiten und über die Schönheit des nun neu entstandenen Bildes, hervorgerufen durch einen Windhauch. Betroffen standen wir da und schauten uns an. Wer hat denn da gezaubert? Die Landschaft offenbarte sich in ihrer leuchtenden, herrlich schönen Pracht, die Schöpfung in einem neuen Licht! Die Einzelheiten konnten wie mit einem Fernglas betrachtet werden: Die Gebirgskette sind mächtige Bäume, die Sträucher heben

9

ihre Zweige gen Himmel, die Ufersteine, die kleinen und die großen, sind Zeugen der langen Schöpfungsgeschichte –, und auf der rechten Uferseite erkennt man das äsende Rotwild.

Der Glanz des Ganzen: Die versinkende Sonne überstrahlt den Horizont wie ein Glorienschein!

Die Weisheit des Lebens besteht im
Ausschalten der unwesentlichen Dinge.
Chinesisches Sprichwort

EIN TRAUMPLATZ

Heiß war der Tag, recht heiß! Heiß in zwiefacher Hinsicht. Zum einen die sommerlich heißen Außentemperaturen, zum anderen: In Hermann kochte es. Die hitzige Auseinandersetzung, die er heute ertragen musste bei der unfair geführten Verhandlung, sie hatte ihn sehr gereizt; mehr als er zugeben wollte. Er war völlig ratlos und außer sich. Was könnte er unternehmen, was tun, um einer unvernünftigen Entscheidung entgegenzutreten?

Ohne die geringste Ordnung liefen seine Gedanken kreuz und quer. Gleichermaßen fuhr er mit innerer Unruhe ziellos durch die Straßen Hamburgs. Und doch –, stets wenn ihn Unruhe packte, wenn er ein unbestimmtes Fernweh hatte, erreichte er unwillkürlich ein Ziel, das Ziel seit frühester Kindheit: Den Elbstrand bei Övelgönne! An die pech-schwarz geteerte Wand des Bootshauses von Schütt & Lührs setzte er sich. Den seit Kindheitstagen vertrauten Platz hatte er eingenommen. Nun saß er da, verschwitzt, mit offenem Hemdkragen, wie ein geprügelter Hund. Westwärts schaute er, stromabwärts –, nichtssehend hockte er an dieser Stätte. Das Wasser der Elbe floss in dieselbe Richtung, stromabwärts, Tidenzustand: Ebbe! Sein Gemütszustand: Ziemlich der Gleiche!

Dämmerung trat ein. Das gegenüberliegende Ufer von Athabaskahöft und Petroleumhafen konnte man nur noch ungenau erkennen. Verschwommen wurde es. Gleicherweise der Tagesausgang für ihn? Ungenau –, verschwommen? Würde es ihm bald dämmern, was zu bewirken wäre?

Der Dunst nahm zu und alles wurde undurchsichtiger. In der Mitte des Flusses stiegen wrasenhafte

Nebelschwaden auf und verteilten sich über dem Wasser. Ähnlich waren auch die Äußerungen von Puttfarken, unpräzise, nebulös, verschwommen und unklar. Seine Behauptung, man könne das Losbrech-Moment der Flaschenfüllmaschine durch Erprobung bestimmen, ist geradezu absurd! Ist er denn nicht in der Lage, es durch Berechnung zu bestimmen? Sollte man denn ein überdimensioniertes Antriebsgerät anbieten, um dann als zu kostenaufwendiger Lieferant abgeschmettert zu werden? Und das Wischi-Waschi-Gerede, mit dem er seine Unkenntnis zu dem Gesamtproblem übertünchen wollte ... –. „Ach nein, hör' auf!" dachte er laut. Und sich weiter entrüsten führt zu nichts.

 Ruhig und still floss das Wasser der Elbe dahin. Sanft plätscherten die Wasserwellen an den Strand. Kaum wahrnehmbar. Nur der Duft des Elbwassers wehte herüber. Nach Anbruch des Abends war vom Elbwanderweg das sonst übliche Plaudern der Spaziergänger nicht mehr zu hören, es war ruhig, sehr ruhig. Alles wirkte wie verschlafen. Selbst die frischgrünen Blätter an den Weiden, die sich sonst bei dem leisesten Windhauch bewegen, hingen bewegungslos an den Zweigen, als seien sie vom Rascheln, welches ihnen der Wind während des Tages aufgezwungen hatte, ermattet. Aber die Weiden, die sich alle in die Richtung des Stromes neigen, vermitteln den Eindruck, als würden sie sagen: „Wir würden gern zu dir hinkommen, um mitzureisen!"

Dieser Traumplatz – nicht ein Träumerplatz, auch ein Fernwehplatz – kein Fern-Sein-Platz, er wirkte wie üblich – beruhigend.

Seine Augen sahen wieder das gewohnte Bild: Das Wasser, das Ufer, den weiten Horizont, die letzten Strahlen der versinkenden Sonne, die Möwen, die Wassersportler, die in ihren Kajaks leise übers Wasser glitten. Dieser Anblick brachte ihm wieder die lebenswichtige Entspannung und Besonnenheit zurück.

Er bemerkte es kaum, seine Hände spielten im Sand. Dieser Elbsand, kaum zu verspüren, so fein ist er. Er hatte es kaum wahrgenommen, wie Abertausende dieser feinen Sandkörner durch seine Finger rieselten. Ein Gleichnis der dahinfließenden Zeit? Oder ein Vergleich, etwas in die Hand zu nehmen, damit Bewegung und Fluss entsteht? So wie man mit der Hand den Sand ergreift, ihn anhebt und durch die Fingerschlitze gleiten lässt, der dann fließt und in Bewegung gerät, wie sich neue Sandformationen bilden, so wie man es steuert, kommt man zu der Einsicht: „Selbst muss man anpacken, nicht zögern, auch nicht irritieren lassen, sondern mit Geduld deinen Nächsten verstehen lernen, auf ihn eingehen und sachgemäß vorschlagen und handeln!"

Der Blick in die Ferne, der Strommündung zu, hin zu der Weite des Meeres, brachte wieder Gleichgewicht in Geist, Seele und Leib und ließ ihn die Unendlichkeit der Ewigkeiten ahnen.

Am Elbuferstrand

13

EIN BLUMENLEBEN

Ein Blümlein steht am Wege
In schönster Farbenpracht
Und hat mit größter Pflege
Der Schönheit sich bedacht.
Es stand doch nicht alleine
An diesem Wegesrand,
Es war die Blumgemeinde,
Worin es träumend stand.

So war sie rings umgeben
Von Schwestern groß und klein
Und alle sich erheben,
Jed' will die Schönste sein.
Das Blümlein so geschäftig
In sich versunken war,
Ob's wohl, da es so prächtig,
Zur Freud' sich brächte dar?

Da kam des Wegs gegangen
Ein junges Mägdelein
Und sah die Blume prangen
Und dacht' – ach wär sie
mein.
Es brach und nahm die
Blume
Und flocht es in ihr Haar.
Das Blümlein voll von
Ruhme,
Nun sie die Schönste war.

So starb dies Blümlein fröhlich
Den sanften Blumentod
Und macht' das Mägdlein glücklich,
Wie es sein Wunsch gebot.

In anderer Glück sein eignes finden,
ist dieses Lebens Seligkeit
und anderer Menschen Wohlfahrt gründen,
schafft göttliche Zufriedenheit.
Christian Martin Wieland

DER SEELENDOKTOR

Nasskalte Herbstwitterung war es. Heftiger Wind peitschte den Regen durch Bad Driburg. Ein trübseliges Sein! So auch für Julia. Sie stand am Fenster ihres Krankenzimmers und sah in den Garten des Sanatoriums: „Alles so trostlos; Martin und die Kinder allein auf sich gestellt –, die unklare Aussage des Arztes –, ach nein ...“ Ihre Gedanken rotierten, Unruhe bewegte ihr Gemüt. Die sonst so beherzte, stets frohgestimmte Frau war hoffnungslos. Sie warf sich aufs Bett –, sie weinte still.

„Was bist du, meine Seele, so tief betrübt? Was bist du so erregt in mir? Harre nur auf Elohim! Denn ich werde IHM noch danken: ER ist ja meine Hilfe."

„Haben wir diesen Psalmvers nicht erst letztens mit unserer Kantorei gesungen ...?“ überdachte sie und mit dieser Erinnerung stand sie mutbeseelt auf, erfrischte sich, ordnete ihre Kleidung und trat auf den Flur. Da stand sie nun –, schaute nach rechts zum Treppenhaus, nach links zum Flurende, wo die Aufenthaltsräume sind und überlegte: „Geh' ich ins Fernsehzimmer oder zu den strickenden Frauen –, und das bei nichtssagender Unterhaltung?"

Plötzlich horchte sie auf: „Spielt da nicht jemand Klavier?" Eilends ging sie auf das Musikzimmer zu und wartete vor der Tür: „Da spielt ja jemand die Mozartsche Sonate, die ich ja auch geübt habe –, ob ich wohl hineingehe?" dachte sie und öffnete behutsam die Tür. Auf Zehenspitzen ging sie, um nicht zu stören, zu dem nächststehenden Stuhl. Sie war die einzige Zuhörerin.

Am Flügel saß ein Mann im guten Mittelalter. Er spielte die ihr gut bekannte Sonate. Nun saß Julia hier, ein unerwarteter Augenblick.

Sie wollte andächtig zuhören. Aber da entdeckte sie die Holzsandalen des Spielers, die eine stand links, die andere rechts neben den Pedalen, und rote Wollstrümpfe hatte er an. Eine dunkelblaue Bundhose rundete das Bild ab. Über dem Notenpult war nur der Haarschopf zu sehen, der sich wie ein Paukenschlegel im Rhythmus hin und her bewegte.

Wahrhaft, ein Bild zum Kichern!

Plötzlich fühlte sie sich in ihre Jungmädchenzeit versetzt, und Heiterkeit erfüllte sie. Die Wehmut war verschwunden! Aufmerksam lauschte Julia, schmunzelnd. Der Andante-Satz war beendet. Es folgte der Schluss-Satz, das fröhliche Rondo mit den heiter aneinander gefügten Melodien. Es war herrlich, wie sie so locker und leicht den ganzen Satz ausmachten, und im Gleichklang empfand sie es mit ihrem Gemüt. – Schlussakkord!

„Ob er wohl weiterspielt?" Sie wünschte es sich so sehr. Und er begann: Eine einprägsame einstimmige Tonfolge, kurz und ernst. Dann war dieselbe Melodie in der zweiten Stimme zu hören, wobei die erste ein harmonisch gesetztes Gegenthema übernahm. Nun kam die Anfangsmelodie in einer höheren Tonlage dran, und alle drei waren musikalisch miteinander vereint. Dann – als letzte und vierte Stimme – erklang die prägnante Tonfolge im Bass. Alle Stimmen waren wie ebenbürtige Partner zu hören, und jede führte das Anfangsthema wohlklingend mit sich bis zum Schluss der Fughette.

Julia war ganz Ohr: „Ausgezeichnet gespielt, sauber und klar, doch mehr ergreift mich die Sonate ...", so war sie ganz in ihre Gedanken versunken. Ihre Handtasche hatte sie vergessen, und da polterte es. Der Pianist erschrak und stand kerzengerade vor dem Flügel, während der Klavierhocker krachend umfiel. – Eine unvermutete Situation. Und, um zu retten, was zu retten war, ging Julia beherzt auf den großen, schlanken Mann zu, und strahlend sagte sie: „Guten Tag, ich bin schon eine Weile hier und durfte Ihnen zuhören; bitte entschuldigen Sie mein Ungeschick."

Durch die plötzliche Unterbrechung war er etwas verwirrt, daher zog er seine Sandalen etwas ungeschickt an seine Füße. Während nun beide auf die Sesselecke zugingen, sagte Julia: „Ihr Klavierspiel hat mich wieder ermuntert, Sie haben mich dadurch wieder mit neuem Optimismus erfüllt!"

„Wie gut, dass Musik das noch vermag", sagte er, während er sich ihr gegenüber in den Sessel setzte, und sichtlich bewegt fügte er hinzu, „Freude bereiten ist für einen Musiker eine der schönsten der an ihn gestellten Aufgaben, und wenn dadurch ein Mensch beglückt wird, ist das der beste Ausgleich für alle Mühen des Übens."

Julia war wieder ganz sie selbst und begann: „Die Klaviersonate vom 'Wolferl', die Sie gespielt haben ...", sie hielt inne und überlegte: „Ich hab' mich noch nicht vorgestellt," dann sagte sie fröhlich: „Ich bin Julia, und die Mozartsche Musik hat mich aus meinem Trübsinn herausgeholt; doch das letzte Musikstück ..."

„Ist von Max Reger als Fughette komponiert mit dem Titel 'Fast zu ernst'...“

„Sehen Sie“, sagte sie ernsthafter, „und das harmonierte mit meiner vorherigen Stimmung ...“

„Und Sie, verehrte Julia, wurden aber durch Musik wieder mit neuer Tatkraft durchdrungen. Denken Sie nur an Ihre Handtasche!“

Beide lachten, er aber überlegte: „Ich werde mich nun auch vorstellen müssen.“ Doch der Schalk packte ihn, er stand auf, und mit ausgestreckter Hand sagte er heiter: „Sie sind also Julia, so bin ich der Romeo! Oder der Julius?“

„Ach nein“, sie schlug lachend ein in die ausgestreckte Hand, „wie ist's möglich; soll man's für wahr nehmen?“

Nach einer kleinen Pause blickten sich beide versonnen an. Julia aber wollte sich gern weiter über Musik unterhalten und meinte: „Sonaten, auch Symphonien, sprechen mich persönlich doch mehr an als die Fugenform. Besonders die Beethovenschen Motive, die er wie Symbole erscheinen lässt und dramatisch..."

„Mit diesen Klängen insgesamt Geschichten erzählt...“

„Ja, – und das mehrfältige Wesen dieser Musikformen mit ihren Gegensätzen und der bestehenden Einheitlichkeit..."

„Ist fesselnder und in den Bann ziehender als eine Fuge, so meinen Sie doch?“ warf er ein.

Sie nickte bejahend.

Mit erhobenem Zeigefinger sagte er dozierend, während er aufstand: „Die Fuge jedoch, mit dem einzigen Thema, ist ein Zustand musikalischer Ordnung und verzichtet im Gegensatz zur Sonate auf launische Überraschungen –, die nutzen sich ab“, sprach's und setzte sich wieder in den Sessel.

Überlegenheit?

Für eine Weile blieb es still.

Sie dachte darüber nach.

Er aber wollte dieses Gespräch noch weiter vertiefen und fuhr fort: „In der Sonate werden die zwei oder drei Motive gleich im Hauptsatz vorgestellt und sind, und das ist das Wesentliche hierbei, komponierte Einfälle ..."

„Die den Hörer mit jäher Plötzlichkeit ergreifen", rief sie, stand mit erhobenen Händen auf und deklamierte: „Und in den ersten Takten das Ziel erkennen lassen; ein gerader Weg, wie ein Gebot!"

Sie holte tief Luft und setzte sich.

Überrascht von so viel Temperament und neugierig geworden, fragte er: „Sind Sie Schauspielerin?"

„Nein", entgegnete sie aufgemuntert und erfreut, „Apothekerin, glückliche Ehefrau, Mutter von zwei Kindern, ein klein wenig lädiert, aber wieder froh und zuversichtlich durch Ihr überzeugendes Musizieren, Sie

Seelendoktor."

ZWEI GLEICHARTIGE EREIGNISSE

Starke Nackenschmerzen quälen Nicolai. Seit Tagen! Seit Tagen quält ihn, eine zutreffende Beschreibung von Menschen zu finden, die aufgefordert sind durch wüstes Land zu marschieren. Was bewegen und empfinden diese Erdenbürger? Dieser Fragestellung möchte er Antwort geben. Denn kein Baum, kein Strauch belebt den Umkreis, nur kleinere und größere Felssteine befinden sich auf dem Wege. Unerträglich ist der von den Voranmarschierenden aufgewirbelte Staub, der den Atem verschlägt.

„Wie kann ich mit wenigen Worten dem Leser eine derartige Situation verständlich werden lassen, damit er etwa die gleichen Empfindungen durchmacht, wie sie damals vor über drei Jahrtausenden Menschen durchlebten, die vom Berge Gottes, den Horeb, bis an die Grenze Kanaans ziehen sollten?", so ist sein Gedankengang, während er zur späten Nachmittagsstunde vor dem Schreibcomputer sitzt. Wie ‚festgemauert in der Erden' sind seine Überlegungen.

Plötzlich wird er von einem Gefühl bedrängt, welches unerklärbar ist. Er wird gezwungen sofort aufzustehen und auf die Terrasse zu gehen. Es geht ihm so, wie zu seiner Zeit es unserem hochgeschätzten Johann Wolfgang v. Goethe ergangen sein muss, als er schrieb: *Ich ging im Walde so für mich hin, um nichts zu suchen, das war mein Sinn.*" Allerdings, er ging damals –, Nicolai aber steht –, und zwar auf der Terrasse. Es muss sich aber etwas ereignet haben! Er schaut sich um, nichts Besonderes ist zu bemerken.

Sobald Nicolai in den Garten geht, ist sein erster Weg zum Teich. Hier schwimmen dann stets die Goldfische mit geöffnetem Maul erwartungsvoll auf ihn zu, um ihr

Futter entgegenzunehmen. Es ist erfreuend zu beobachten, wie sie nach den einzelnen Futterstücken schnappen.

Dies kann es nicht gewesen sein; darum geht er am Ufer des Teiches entlang und erstaunt erblickt er, dass ein Wollknäuel im Wasser schwimmt. Ein Wollknäuel? Ein grauer Wollknäuel mit Schwimmbewegungen? Jetzt erst erkennt er: Ein Igel ist es, der das steile Teichufer nicht überwinden kann. Trotz starker Rücken- und Nackenschmerzen, die ihn wahrhaftig plagen, geht er in die Knie, greift ins Wasser unter den Igel, packt dessen Vorderpfoten, zieht ihn heraus und legt ihn auf das Trockene. Der Igel spuckt Wasser, versucht zitternd vorwärts zu kommen, bleibt dann aber liegen. Schnell ein Frottéhandtuch geholt, vor seine Schnauze gelegt und er kriecht langsam drauf. Er zittert. „Was wäre zu tun? Ob man ihn mit einem Fön trocknen darf?" Gedacht, getan! Er knurrt, Nicolai fühlt es in seiner Hand. Der Igel reckt und streckt sich. Die Vorderpfoten streckt er dem warmen Luftstrom entgegen und macht nun seine Augen auf. Er wird sich sicherlich wohl fühlen. Das rechte Hinterbein liegt anders am Körper als das linke. Ist es beschädigt? Diese Frage war berechtigt; denn Nicolai hat noch nie einen Igel in der Hand gehabt, geschweige denn von unten betrachten zu können. Der Igel bleibt ganz ruhig, der warme Luftstrom gefällt ihm sicherlich; nun plötzlich bewegt er sein rechtes Hinterbein und streckt es der Wärme entgegen. „Das Bein ist also doch nicht beschädigt", eilen die Gedanken Nicolais, und eine gewisse Freude bewegt ihn.

Blitzartig und unerwartet fällt ihm ein, wie es vor fünfzig Jahren war. War es nicht ähnlich wie heute? Damals war auch eine Aufgabe zu lösen und auszuarbeiten: Gleichfalls ein Problem, nur anders geartet. Es galt eine vorgegebene Choralmelodie einmal in der Fassung altkirchlicher Manier und andererseits wie in der Kompositionsweise der Romantik als vierstimmigen Satz zu schreiben. In diese Arbeit vertieft, hatte ihn damals das gleiche unbestimmte Gefühl wie heute gepackt. In Kirchdorf, bei Hamburg-Harburg, saß er in seinem Studierzimmer, und das gleichempfundene Gespür zwang ihn, vor die Tür des Hauses zu gehen. Wie von einer Hand geführt, kam er an den nahe gelegenen Teich des Dorfes. Von dem kleinen Sandstrand aus beobachtete er die Wasseroberfläche. Anfangs war auch nichts zu sehen, was seine Aufmerksamkeit hätte ansprechen können. Doch da –, was war das? Im Wasser drehte sich ein heller Körper –, ein Kinderrücken! Sich der Kleidung entledigen und reinspringen war eins. Nicolai packte zu und hatte einen fünfjährigen Jungen in den Armen. Als das Wasser erbrochen, der Junge wieder atmete und abgetrocknet war, rief er: „Mein Bruder, mein Bruder!" und zeigte auf den Teich. Fragen zu stellen war unangemessen. Da es ein Brackwasserteich ist, also ein stehendes Gewässer mit dunkler Färbung, ist es kaum möglich darin etwas zu erkennen. Es gab nur eine einzige Lösung: Wieder hinein und den Grund abtasten. *Gott sei es gedankt,* nach mehrmaligem Tauchgang fand Nicolai den drei-jährigen Jungen am Grund liegen und konnte ihn ans Ufer bringen. Mit erlernten Handgriffen wurde der Junge ins Diesseits zurückgebracht. Was damals schon ziemlich verwunderlich war und was auch heute noch so zu sein scheint, ist die untätige Neugierde der Zuschauer. Plötzlich war die sonst nicht so belebte Uferumgebung voller Menschen, keiner rührte sich, sie gafften nur. „Holt doch die Mutter herbei!" schrie Nicolai laut. Das geschah –, sie kam und schrie. – Was sie geschrieen hat, daran kann sich Nicolai nicht mehr erinnern. Jedenfalls nahm sie ihre beiden Jungen und verschwand – ohne Dank. – Fünfzig Jahre ist es her. Fast aus dem Gedächtnis entschwunden, doch heute kommt es ihm wieder in den Sinn.

Als der Igel wieder trocken und auf weichem Bodendecker lag, wurde er umhüllt. Seine kleine Schnauze bewegt er, lugt unter dem Handtuch hervor und blinzelt mit den Augen.

Ob das wohl ein **Igel-Dankeschön** sein kann?

Leben ist vom Standpunkt der Jugend aus gesehen
eine unendlich lange Zukunft,
vom Standpunkt des Alters aus
eine sehr kurze Vergangenheit.
Arthur Schopenhauer

MAN ERINNERT SICH

„Ihr werdet euch wundern, wenn man wie wir in die Jahre gekommen ist, dann kann man was erzählen –, nicht nur, wer eine Reise tut", rief Hanna aus der kleinen Küche ihrer Ferienwohnung ihren Gästen zu. Die warteten im aparten Wohn-Schlafzimmer schon auf den Kaffee. Von Anneliese und ihrem Mann wurde sie und ihre beiden Schwestern Elfriede und Margarethe im Ostseebad Grömitz oft besucht. Mit ihrem Ruf aus der Küche brachte sie zum Ausdruck, was auch der Schauspieler Will Quadflieg als der Herr Sachs in dem TV-Spielfilm 'Der große Bellheim' auszusagen hatte: „Wenn man älter geworden ist, denkt man nicht, man erinnert sich."

Und wenn die *'Fünf'* beisammen waren, gab es auch nicht viel zu denken, sondern sich an vieles zu erinnern. Das betraf jedoch mehr die Frauen als den Alexander. Er ist der Mann von Anneliese und demzufolge ein Neuling in diesem Kreise. Die Frauen hatten 'das Sagen', da er nicht mithalten konnte, um mit ihnen Erinnerungen austauschen zu können. Anneliese und Hanna waren Jugendfreundinnen.

Zur Wiederbegegnung nach Jahrzehnten war es gekommen, wie es oft und in vielen Familien geschieht. Kirchenmusiker erleben vielfach, dass ein Wiedersehen nach langer, ja langfristiger Zeit oftmals an ein und dem selben Ort geschieht: Auf dem Friedhof. Dort treffen sich Menschen wieder, die sich über Jahrzehnte hinweg nicht gesehen und miteinander gesprochen haben. Wie es zu einer Trennung auch gekommen sein mag, ob durch Ortswechsel oder durch Missverstehen bis hin zu Feindseligkeiten, mannigfach sind die Ursachen. An diesem Ort aber wird eines deutlich, es ist das irdische Ziel aller Menschen! Am offenen Grab wird es dem Menschen bewusst gemacht und vor Augen geführt, wie nichtig vieles im menschlichen Leben ist. Aber aus dieser am Grab durchdringender Wahrnehmung des Vergänglichen dieser Zeit, dem Mitgefühl und dem Empfinden des Seelenschmerzes entstehen neue Kräfte. Gegenüber dem Nächsten wird ein neues Entgegenkommen erweckt, bis hin zur Vergebung. Losgelassene Bande werden aufgenommen, festgezurrt und verknüpft. So erging es auch der Anneliese. In Herford geboren und seit 1943 in Hamburg, die Wirren des vergangenen Krieges mit allen ihren Auswirkungen durchlebt –, da lösten sich die bisherigen Bande, und es geschah, wie der Volksmund sagt: „Aus den Augen, aus dem Sinn".

Jahrzehnte waren inzwischen vergangen. Am offenen Grab von Annelieses Mutter stehend, riefen drei adrett aussehende ältere Frauen laut: „Bist du nicht Anneliese?, hast dich aber gar nicht verändert, eben nur älter geworden, ach nee, dass wir uns wiedersehen." So kamen sie wieder zusammen. Als späteres Mitglied wurde Alexander bei dem verabredeten Treffen mit einbezogen. Doch es kam nach Monaten dann so, dass es hieß: „Alexander und sine veer Jungfruen!"–, siehste!

Nun saßen sie also in der Ferienwohnung bei einem der vielen gemeinsamen Kaffeeplauschs. Die vier Frauen hatten in ihrer Jugendzeit ja vieles erlebt, und berichtet wurde von dem und der und denen, die bereits das Zeitliche gesegnet haben, wie es eben bei solchen Treffen zugeht. Allerdings war Alexander vielfach nur stiller Zuhörer, obwohl er doch manchmal mit der Frage angesprochen wurde: „Na, langweilt es dich nicht, was wir so zu erzählen haben, oder?" Darauf konnte Alexander treuherzig seine Meinung darlegen, dass es interessant sei, etwas aus dem Jugendleben seiner Frau zu erfahren. Sobald aber alles aus dem Fundus der Erinnerungen erschöpft war, hakte er nach; denn aus dem Erlebten der drei Frauen wollte er schon mehr wissen. „Was habt ihr Besonderes mit euren Kindern erlebt?", und dies ist ja immer ein wichtiger Punkt, um Mütter zur Berichterstattung zu animieren.

Elfriede sagte: „Da kann ich nicht mithalten; denn ich habe keine Kinder, aber Hanna und Margarethe können schon eher davon erzählen."

Hanna, die Jüngste der Drei, setzte sich in ihrem Sessel aufrecht, sah alle an und meinte: „Ich kann keine besonderen Erlebnisse erzählen, außer einigen Begebenheiten, die, so meine ich, schon im Kindesalter die Charaktereigenschaften eines Menschen erkennen lassen", sie hielt inne, trank einen Schluck Kaffee, sah Alexander an und sagte: „Das könnte dich interessieren und in einer deiner Geschichten untergebracht werden, passt mal auf! – Mein Mann Heinz, ein passionierter Taubenzüchter, leider zu früh verstorben, und ich schauten eines Sonntagmittags aus dem Fenster; denn unser Sohn Heinz-Dieter war noch nicht zum Essen erschienen. Er spielte sowohl im Kindergarten als auch sonst vielfach mit dem Sohn meiner Klassenfreundin Senta zusammen. Ihr Sohn heißt übrigens Hans-Dieter. Unser Heinz-Dieter und ihr Hans-Dieter waren beide vier Jahre alt. Da geht plötzlich bei meiner Klassenfreundin das Fenster auf – sie wohnte uns gegenüber – und fragte: ‚Ist Dieter bei dir?'

Ich rief zurück: ‚Nein, ich denke mein Dieter ist bei dir!?' Beide Dieter waren verschwunden."

„Das hast du uns ja noch nie erzählt, was haben die denn gemacht, einfach so verschwunden?", fragte Margarethe und zündete sich vor erregter Spannung eine Zigarette an.

„Nun ja, es war Schmuddelwetter", erzählte Hanna weiter, „kein Frost, nicht kalt, aber ungemütliches, nasskaltes Wetter. Die Zeit verging, Mittag war vorbei, es wurde zwei, es wurde drei Uhr", man konnte beobachten wie Hanna wieder in das Spannungsmoment von damals kam, und dann schilderte sie aufgeregt, dass abwechselnd Vater und Mutter aus dem Fenster schauten, um die Jungen herbeizusehen. Als nun ihr Mann an der Reihe war, die Werrestraße zu beobachten, rief er nach einer Weile: „Hanna, guck mal, wer kommt da wohl?".

Nun konnten die Eltern von hüben und drüben sehen, wie die beiden Jungen an der Hand eines etwa vierzehnjährigen Mädchens, das im Haus von Heinz-Dieters Großeltern wohnte, geführt wurden. Als die Gruppe nun näher gekommen war, nahe am elterlichen Hause, da rief Mutter Senta ihrem Jungen zu: „Du kriegst 'ne Naht!", und Hanna bestätigte ihrem Jungen: „Und du auch!"

Dann sei aber Vater Heinz an die Haustür gegangen, um aufzuschließen, und vor der Haustür habe ein schuldbewusster Sohn gestanden. Er sei sich dessen wohl bewusst gewesen, eine gerechte, aber handgreifliche Strafe zu erhalten. Dann hätte Dieter seinen Vater angeguckt, sein Haupt gesenkt und gefragt: „Darf ich erst pillern?", – und er durfte.

Nun ging der Vater mit dem Sohne auf die Toilette und beobachtete, wie der kleine durchfrorene Junge mit klammen Händen versuchte, seinen Pillermann aus der Hose herauszuholen, um sein Geschäft zu erledigen. Als er dies arme frostzitternde Geschöpf gesehen hatte, verflog beim Vater jegliche Verärgerung. Heinz-Dieter sei dann stolz in die Küche gekommen, wo die Mutter mit der Inge war, dem Mädchen, welches die Jungen nach Hause gebracht hatte, habe seinen Kopf etwas zur Seite gelegt und schelmisch die Frage gestellt: „Na, hab' ich nun Senge gekriegt?"

„Na, hat dein Heinz ihn denn wohl geschlagen, das trau' ich ihm nicht zu?", warf die mitleidige Elfriede dazwischen.

„Da hast du recht, meine Liebe, er konnte es nicht. Ich aber war doch sehr verärgert. Die Ängste, die man als Mutter so empfindet! Männer sind da wohl mehr auf Ausgleich bedacht", ergänzte Hanna.

„Ist das denn alles? Welche Umstände haben den Jungen veranlasst, zu seinen Großeltern zu gehen und seinen Spielkameraden mitzunehmen?", fragte Alexander und meinte, „meistens liegen doch bestimmte Anlässe vor, wenn man sich im Jungenalter derart verhält. Das habe ich selbst erlebt und manchen Streich verübt."

„Ja, dein Dieter, Hanna, das ist schon ein Bursche, er hat schon als Junge stets die Initiative ergriffen; denn er war oft in unserer Straße und kam eines Tages auf die Idee ... ", Magarethe musste an sich halten; denn aufgeregt verschluckte sie sich.

Hanna aber guckte ihre Schwester neugierig an und fragte: „Davon weiß ich ja gar nichts, der war bei euch in der Straße?"

„Ja, ja", erwiderte Margarethe und setzte ihren Einwurf fort: „Also Dieters Idee war, 'Wir bauen uns eine feste Bude in den Garten!', und das ist unser", erwähnte Margarethe, „ja, in unser'n Garten. Gesagt, getan: Er veranlasste, dass alle Kinder sich von einer Firma, die in unserer Nähe war, Abfallholz und alles, was man zum Bauen benötigt, holten. Über Tage waren sie beschäftigt, aber der Dieter, und das muss ich sagen, war der Geschickteste unter allen. Doch ich erzähl' das bei anderer Gelegenheit weiter", unterbrach Margarethe sich, trank einen Schluck Kaffee, zündete sich eine Zigarette an und forderte Hanna auf, weiter zu berichten, es sei doch spannend mit dem Abstand von einigen Jahrzehnten, derartige Begebenheiten zu hören.

„Nun ja –, beide Jungen", so begann Hanna nun wieder, „hatten lediglich einen Pullover an, wie man den so im Zimmer trägt. Unser Heinz-Dieter sagte zu seinem Freund Hans-Dieter: 'Wir besuchen heute meine Großeltern, und ich nehme dich mit!' So zogen die beiden frohgemut los und gingen zu Oma und Opa. Die Großeltern waren hocherfreut und stolz über den unverhofften Sonntagsbesuch, waren aber doch erstaunt, als die

Knaben unvermittelt sagten: ‚Wir wollen heute bei euch schlafen!' Hier muss ich aber daran erinnern, dass es damals privat kein Telefon gab, nur Geschäftsleute hatten eins."

„Wie aber die Kinder zu ihren Eltern zurückbringen", beendete Hanna ihre mütterliche Darstellung, „Oma und Opa sind doch auch in großer Sorge gewesen. Also wurde die Inge, die mit ihren Eltern im Hause der Großeltern wohnte, beauftragt, die Burschen wieder in die heimatlichen Gefilde zurückzubringen. – So, das war's, mehr weiß ich im Augenblick nicht", war Hannas Abschluss.

Um die weitere Entwicklung des Heinz-Dieter und seine Handlungsweise zu verstehen, fragte Alexander: „Welchen Beruf hat dein Sohn, Hanna?"

„Er ist Revisor bei einer großen Firma", antwortete die Mutter mit Stolz und ergänzte, „über zwanzig Jahre ist er dort tätig. Schon der Klassenlehrer sagte mir, dass er ein treuer und zuverlässiger Junge sei. – Das ist er auch!"

Aus dem Bericht einer stolzen Mutter wird augenfällig: Sobald ein Mensch ein Ziel hat, spielen Zeit und Raum nicht die geringste Rolle. Der Sohn setzte seine Gedanken in die Tat um: Seine Großeltern wollte er besuchen, also ging er schnurstracks drauf los. Seinen Gefährten nahm er mit auf s e i n e n Weg und erreichte sein Ziel. Treue und Beständigkeit sind dafür die zugrunde liegenden Charaktereigenschaften.

Jakobikirche im Ort
des Geschehens

Kinder und Uhren dürfen nicht ständig
aufgezogen werden,
man muss sie auch gehen lassen.
Jean Paul

SZENEN AUS DER KINDERZEIT

Als ich noch ein Knabe war – es ist schon etwas länger her – waren die Lebensverhältnisse tatsächlich anders und jetzt nur noch Erinnerung. Von dieser Tatsache möchte ich keineswegs erzählen, auch keine Geschichte erfinden, sondern nur einen Aufsatz schreiben, etwa wie mit *Knabenaugen* gesehen. So, wie die tatsächliche Tatsache nun einmal war. Und das war zu jener Zeit stets die Mitte eines Monats, die meine Eltern immer mit mir feierten.

Mutti guckte nämlich am 14. jeden Monats in ihr Portemonnaie, zählte die darin enthaltenen Pfennige, erteilte mir einen Auftrag und feierte mit mir allein. Aber am 15. eines jeden Monats feierte Vati mit Mutti und mit mir. Die Begründung dafür war eigentlich, um ein „Danke" zum Ausdruck zu bringen. Aber nun schön der Reihe nach.

Mutti nahm ihr Portemonnaie, öffnete es, ging zum Küchentisch und schüttete den Inhalt aus. Es war das vom monatlichen Haushaltsgeld übrig gebliebene *Restgeld*. Wie erwähnt, es waren Pfennige. Allerdings war der Wert des Geldes höher anzusetzen, als es heute der Fall ist.

„Ali, min Jung', roller nun mal los und hol, na du weißt schon", sagte Mutti, und ich, ausgerüstet mit einem Tragenetz und einer Schüssel darin, rollerte los.

Wisst ihr überhaupt, was rollern ist? Nee? Mit 'n Roller rollert man, fast so, wie man ja auch mit 'n Pferd fährt, klar? Wisst ihr denn gar nich', was 'n Roller is? Nee?

'n Roller is 'n Brett mit eisenbeschlagenen Rädern. Hint'n is 'n Rad und vorn auch. Vorn, wo an dem Brett kein Rad is, da is 'n Scharnier, und an diesem Scharnier is ne lange Holzstange angemacht, die unten das Vorderrad hat und oben an dieser Stange is dann quer ein Holzgriff, den man greifen kann, mit beiden Händen, die man doch hat, um damit was anzufassen oder auch zu greifen. Begriffen?

Auf das Brett stellt man sich mit einem Bein rauf – ich mit dem rechten – und mit dem anderen – ich mit dem linken – tritt man dann auf 'n Boden und der Roller rollert los. Nun wisst ihr, was 'n Roller is und was Rollern is. —

So war das früher schon.

Tschä, ich rollerte also los bis zu Grützmachers. Der war kein Grützemacher, nee, der hieß nur so und hatte ein Milchgeschäft; denn der war ja ein Milchmann. Ein Milchmann hatte meist 'n Handwagen mit zwei großen Speichenrädern, die auch mit Eisen beschlagen war'n. An diesen Rädern war'n zwei aus Eisen gemachte Blattfedern befestigt und an diesen war je eine lange Stange dran. Die gingen von vorn nach hinten und war'n mit Querstangen verbunden. Und an diesen Querstangen waren Haken, da konnte man Milchkannen dranhängen. Die Milchmänner hatten meist auch 'n Hund, aber nicht nur zum Aufpassen, nee, der war immer vorn bei diesem Milchwagen, hatte 'ne doppelte Ziehleine um seine Brust um und zog dann den Milchwagen dahin, wie's der Milchmann wollte, und dahin, wo der überall seine Milch auf der Straße verkaufen wollte. Wenn der Milchmann was verkaufen wollte, was er ja gern tat und auch tun musste, um für seine Familie zu sorgen, hielt er an. Der Hund freute sich, schnaufte und legte sich hin und streckte seine Zunge raus, um sich zu kühlen; denn das kann der nur mit seiner Zunge. Der Milchmann nahm dann 'ne große Handglocke und schellte damit ganz doll, damit seine Kundinnen es hören konnten. Die kamen – wie auf Kommando – dann auch alle aus ihren Häusern. In den Händen hatten sie ihre Milchkannen und bestellten dann beim Milchmann, wie viel Liter Milch sie haben wollten. Mit 'ner Maßschöpfkelle holte der Milchmann aus einer großen Milchkanne dann die Milch hervor, füllte damit die gewünschte Litermenge in die Kanne seiner Kundin und wenn das Maß dann voll war, schwupste er noch 'n klein bisschen drauf, damit sich keine Kundin betrogen fühlt. Abgewogene und in Pergamentpapier eingepackte Butter und Käse hatte er auch im Korb am Wagen. Aber mit Eiern war er sehr vorsichtig, wie man verstehen kann. Und ob er immer welche bei sich hatte, weiß ich heute nicht mehr. Die Kundinnen blieben meist noch im Kreise stehen und schwatzten gern mit ihm über dies und das. —

Ja, so war das.

Nun angerollert beim Milchmann – Mann, das war über ein Kilometer von uns inne Mühl'nstraße bis zum Alten Rathaus, wo der seinen Laden hatte! Als ich dann eintrat, schellte die Türglocke, und mit freundlichem Lächeln stellte sich Herr Grützmacher – der ein ehemaliger Verlobter meiner Tante Käthe war – hinter die Theke und fragte: „Na, willst mal wieder Schlagsahne hol'n?"

Grützmachers Milchladen

Ich sagte: „Ja" und der freundliche, gut aussehende Herr Grützmacher ging nach ‚Hinten'.

Während er nun die Schlagsahne mit einem Schneebesen, wie man den so nennt, schlug, überlegte ich, warum der nette Milchmann meine Tante Käthe nicht heiraten durfte; denn die war doch auch immer sehr nett zu mir. Opa und Oma, was ihre Eltern war'n, die hatten etwas dagegen, vermutlich weil der Milchmann nicht zu der Kirchengemeinde gehörte, wo sie selbst zugehörten. Aber jedes Mal, wenn Tante Käthe uns besuchte, brachte sie mir etwas mit. Keine Naschsachen, nee, sie hatte sich immer stets etwas Besonderes einfallen lassen. Entweder war es ein lehrreiches Buch, oder mal etwas zum Malen, aber das Schönste und Beste war das Kindergrammophon. Wirklich! Ein richtiges Grammophon. Ein bisschen kleiner als das für Große – aber immerhin! Das war vielleicht doll. Man musste es aufziehen, wie bei den Großen, aber mit Gefühl, damit die Feder, die die Drehungen der Platte verursachte, nich' knackte. An der Membrane musste man eine Plattennadel einsetzen, die man öfters auswechseln musste, damit sie die Schallplatte nicht beschädigte durch Abrundung der Nadelspitze. Die Musik schallte, wenn das Grammophon in Betrieb war, aus einem Schalltrichter, der darum so heißt, weil die Musik daraus schallt. Und jedes Mal später, wenn meine Lieblingstante uns besuchte, und das kam alle vier Wochen vor, weil Mutti dann *Kränzchen* hatte, brachte sie mir immer eine neue Schallplatte mit. So sammelte sich im Laufe der Zeit ein großer Stapel von Platten an. Ich kannte die Stücke fast alle schon auswendig. Eine davon war eine, an die ich mich besonders nachher als Chorleiter erinnerte. Sie hieß: „Die lustige Chorprobe." Man hörte von einem Gesangschor anfangs einen wunderschönen vierstimmigen Chorsatz. Es ging so einige Takte. Eine der vier Stimmen sang so falsch, das es auch der unmusikalischste Mensch hören musste. Abrupt hörte der Gesang auf, weil wohl auch der im Grammophon befindliche Chorleiter, wie ich´s mir vorstellte, gehört hat und nun korrigieren wollte, was er dann auch tat. Nun noch mal. Es ging von vorne, wie üblich, wieder los. Dann aber, an der selben Stelle, sangen gleich mehrere Stimmen falsch, aber so falsch, schlimmer konnt's nicht sein. Der Grammophon-Chorleiter sang noch mal richtig vor – und dann – ja dann ging 's noch mal los. Wieder von vorn. Man wurde richtig auf die Folter gespannt. Ob es nun wohl klappt? Ja –, es hat geklappt, sie kamen über diese schwierige Stelle hinweg, und man konnte verspüren, wie alle froh waren, über diese musikalische Klippe hinweggekommen zu sein. Aber grade hatten sie diese Stelle geschafft, da glaubten es die hörenden Ohren nicht, der Grammophon-Sangeschor sank von der ausgehenden Tonhöhe so sehr ab, dass einem das Trommelfell wehe tat. Selbst die Sänger merkten es. Doch die ärgerten sich nicht, nee, eine Stimme nach der anderen hörte auf, also nicht alle auf einmal, sondern eine nach der andern nacheinander und fingen lauthals an zu lachen. Das war so, dass man nun selbst mitlachen musste. Oft habe ich mich bei Chorproben an diese Schallplattenaufnahme erinnert. Sie gab mir eine gute Vorbereitung auf das, was ich später manchmal mit Geduld ertragen musste.

So war das.

Nun aber los! Mit einer geschenkten Käsescheibe wieder gestärkt, auf zum Kolonialwarenhändler. Der hatte sei'n Laden genau neben den Bäcker, den inne Mühl'nstraße, wo auch wir wohnten. Das war das größte Haus inne Straße, wo wir wohnten und gehörte mein' Opa, tscha! Beim Bäcker musste man einige Stufen hoch in den Laden, und diese außen ans Haus angemachten Stufen nennt man Beischlag, – warum, weiß ich nicht. Aber beim Kolonialwarenhändler nicht, der hatte sein Geschäft zu ebener Erde, wie man so sagt. Bei dem konnte man so allerhand an Kolonialwaren kaufen, und hier gab's nichts Eingepacktes, nee, das machte der selbst, nachdem er es auf der Waage genau auf'n Gramm abgewogen hatte. Manchmal fragte er auch: „Darf's 'n büschen mehr sein?", nämlich dann immer, wenn er sich verwogen hatte und es dann mehr war, as man bestellt hatte. Das kam aber oft vor. Hier nun bei'n Kolonialwarenhändler, der Puttfarken hieß, holte ich dann von dem Rest des Monatsrestgeldes Borkenschokolade. Nun mit Borkenschokolade inne Tüte und der Schlagsahne im Tragenetz rollerte ich nach Haus zu Mutti. Unten ließ ich dann den Roller steh'n. Hab' den nich' angeschlossen, nee, das brauchte ich nun nicht mehr.

Ich kriegte nämlich mal zu meinem Geburtstag, ich erinnere mich genau, von meinen Eltern einen nagelneuen schönen Roller. Der hatte Gummiräder und 'n Schutzblech mit 'ner Fußbremse hinten dran. Das war wie 'n Rolls Reuß unter den Autos. Da hab' ich viel mit gerollert. Aber an ei'm Tag hab' ich den unangeschlossen bei uns im Haus – das Treppenhaus war sehr dunkel, nur mit Licht von oben – hingestellt, bin nach oben gegangen, denn wir wohnten ganz oben im Haus inne oberste Etage, ging wieder runter nach unten und – der Roller war nicht mehr da, wo ich ihn hingestellt hatte. Ich war ganz traurig; denn mein Fassungsvermögen war viel zu klein, um **das** fassen zu können. Eine Traurigkeit habe ich durchleben müssen, die wohl auch so ist, als wenn man einen lieben Menschen verloren hat durch den Tod. Mein Opa aber, der *Meister Hämmerlein*, der hat meine Traurigkeit verstanden; denn meine Oma, was also seine Frau war, die war grade vor einem oder auch zwei Jahren gestorben. Mein Opa aber machte sich dran und baute mir einen Roller, so wie ich ihn schon beschrieben hab'. Der sah nicht gut aus, war aber wie ein selbstgemachter Lastwagen, und das von meinem Opa, so, wie ihn eben ein Schlossermeister so macht.

As ich oben bei Mutti angekommen war, freute sie sich; denn sie selbst ging nicht gern zum Einkaufen, nee, am liebsten schickte sie mich immer los, und mit meinem Roller-Lastwagen ging das ganz gut, und ich war unterwegs, an der frischen Luft. Nun aber gab es einen schönen Augenblick, nee, der dauerte länger. Mutti nahm die Schüssel mit Sahne, dann zwei kleinere und teilte ziemlich gleich auf. In der einen aber war ein büschen mehr, die sie für sich behielt (denn ich war ja auch kleiner), bröckelte dann die Borkenschokolade über den Haufen Sahne und wir löffelten mit 'n Löffel, der kleiner war as der große, langsam und genüsslich den Inhalt aus die Schüssel. Mmmhm! Aber dabei war's das Schönste, nämlich, Mutti hatte Zeit für mich und fing an zu erzählen, wie's so früher war, as sie so klein war wie ich. Auch nahm sie dann ein Bilderbuch, in dem alle Geschichten, die in der Bibel sind, bebildert und beschrieben waren, und sie las daraus vor und erzählte dazu, was sie so wusste. Das war die Feierstunde mit dem Restgeld des Monats.

So war das.

Aber die richtige Feierstunde war am 15. eines jeden Monats, wenn Vati am Abend nach Hause kam, da gab es einen richtigen Festakt. Der Grund dieser Feierlichkeit war nämlich: Das Gehalt, welches man ehrlich verdient hatte, erhielt man direkt in die Hand und bedankte sich höflich. Obwohl man das Geld durch seine Arbeit verdiente, bedankte man sich doch dafür. –
So war das.
Vati kam, freute sich im Voraus; denn er brachte uns etwas mit, nämlich ein Paket, schön eingewickelt –, stellte es auf den Küchentisch, guckte seine Frau, was meine Mutter ist, und auch mich an. Das Paket wurde langsam, ganz langsam aufgewickelt und der schönste Konditorkuchen strahlte uns an.

Unserem himmlischen Vater wurde ein *Dankeschön* gesagt, zum einen, dass Vati noch Arbeit hatte und dafür seinen Lohn bekam, und zum anderen, weil der Konditorenkuchen uns erfreute.

JA, SO WAR DAS!

DAS EINPRÄGSAME EREIGNIS

Der Herbst hatte begonnen. Die noch wärmende Sonne durchflutete unser großes Schlafzimmer. Alles erstrahlte in ihrem Licht. Bis in den kleinsten Winkel leuchtete sie hinein. Alles war hell. Nur meine Eltern schienen im Dunklen und wie im Nebel zu wandeln. Sie schwiegen. So waren sie doch sonst nicht. Ihre Art ist es nicht, schweigsam zu sein. Aber feierlich angezogen waren sie, und bedrückt waren sie auch. Vater, groß und schlank, wie er war, stand vor dem Kleiderschrankspiegel. Da der Spiegel nicht hoch genug war, musste er sich immer etwas bücken, wenn er sich die Haare kämmen wollte. Heute kämmte er sich sehr oft die Haare. Verlegenheit? Sonst war er stets fröhlich und munter, er erzählte gern, schelmisch mit verschmitztem Lächeln. Heute war er stiller, zu still.

Ich stand am Fenster. Da unser Haus sehr hoch war und wir im obersten Stockwerk wohnten, konnte man die Schiffsbewegungen im Hamburger Hafen sehr gut beobachten. Wenn dann die großen Passagierschiffe –  die hatten oft drei Schornsteine, aus denen schwarzer Rauch entwich – von drei Schleppern, zwei vorn am Bug und einer am Heck, "an 'n Haken" genommen wurden, war es kurzweilig und interessant, Beobachter des Geschehens zu sein. Aber heute war alles anders; ich sah wohl, was dort auf der Elbe geschah, jedoch ich nahm es nicht wahr.

Meine Mutter griff mit beiden Händen unter meine Arme, hob mich hoch und stellte mich auf den Korbsessel. Das war etwas Besonderes. Der stand nämlich in der einen Fensterecke, mit Schmuckkissen feierlich bestückt. Den durfte man sonst nicht benutzen. Ich stand nun da wie ein Denkmal; festlich angezogen: Ein schönes weißes Hemd mit Rüschen und einer Bandschleife um den Kragen. Eine kniefreie Hose aus dunkel-blauem Samt mit breiten Hosenträgern, natürlich auch aus Samt. Am Rücken waren sie gekreuzt und vorn führten sie gerade herunter, wo sie mit hellen Perlmuttknöpfen an der Hose befestigt waren. Mutter hatte Tränen in ihren Augen. Ihr Haupthaar war in der Mitte gescheitelt und mit lockeren Wellen nach hinten gekämmt und dort zu einem Knoten gesteckt. Sie schloss mich in ihre Arme und weinte still. Mir war eigentümlich zu Mute. Beschreiben kann ich's nicht. Meine Mutter, die stets fröhlich und singend ihre Arbeit verrichtete, kannte ich so nicht. Mir war warm ums Herz.

„Mischi", sagte mein Vater, „es ist Zeit, lass uns runter geh'n", dann nahm er mich bei der Hand, ich wurde wieder normal, sprang vom Sessel und ging an der Hand meiner Eltern vor die Haustür.

„Oh, was ist das?" dachte ich; denn ich sah eine schwarze Droschke mit zwei Pferden davor. Erhaben ernst sah das Gespann aus. Die Woilachs, so nennt man die Pferdedecken, waren aus schwarzem Tuch, mit Quasten behangen. An dem Pferdegeschirr war silberblanker Beschlag. Würdevoll saß der Kutscher auf seinem Bock, schaute geradeaus, weder links noch rechts, und hatte eine Juckerpeitsche in der rechten Hand. Das ist eine Peitsche mit geradem Stiel und ziemlich kurzer Schnur, um die Pferde anzutreiben. In seiner Linken hielt er die Zügel fest. Einen schwarzen Zylinder hatte er auf und eine wetterfeste dunkelblaue Pelerine schützte ihn vor Wind und Regen.

Mein Onkel, der Organist, und meine Tante warteten schon. Ich wurde in die Droschke gehoben, alle nahmen Platz, und nach dem "Hü" des Kutschers ging die Fahrt los. Fröhlich betrachtete ich das, was an meinen Augen vorüberzog. Nun bog die Droschke in den Zufahrtsweg unserer Kirche. Viele Menschen standen davor. Feierlich waren alle in schwarz gekleidet. Sie ordneten sich langsam links und rechts des Weges und bildeten eine Art Spalier.

An der Hand meiner Eltern ging ich mit in die Kirche. Es war sonderbar, es war heute alles so anders. Hinten, beim Taufbecken, standen hohe schwarze Kandelaber mit brennenden Kerzen, und dazwischen war mein Großvater, ‚Mein Opa‘! Er lag in einem Sarg, hübsch und adrett aufgebahrt. Ich betrachtete ihn mir genau. Sein Gesicht war frisch gewaschen, aber bleich. Sonst war seine Stirn vom Abwischen des Schweißes immer mit Rußstreifen durchzogen. So sauber war er nach der Tagesarbeit als *Meister Hämmerlein* sonst nie. So'n bisschen schmuddelig war er gern, wie er mir anvertraute. Nun lag er da, so, als würde er schlafen. Jedoch so schlief er sonst nicht. Er lag gern auf seinem Ledersofa, auf seiner rechten Seite, die Beine etwas angewinkelt und die Arme hochgezogen. Seine Hände hatte er stets vor dem Gesicht gefaltet, so, als würde er beten. Heute lag er ganz still. Sonst hörte man ihn immer etwas lauter atmen, mit einem leichten Schnaufen. Gern sah ich dem ruhenden Opa zu. Ich wartete oft, bis er aufwachte, mich lächelnd ansah, dann langsam und bedächtig an den Geldschrank ging, daraus ein Stück Schokolade nahm und mir dann mit den Worten: „Lod di dat man god smecken", überreichte.

Ich sah ihn mir genau an, so friedlich still hatte ich ihn noch nie gesehen; denn heute lag er auf dem Rücken, die Arme auf der Decke und die Hände gefaltet mit einem hübschen bunten Blumenstrauß.

„Komm, mein Jung", sagte mein Vater, erfasste meine Hand und fügte hinzu, „ich bring dich zur Sitzbank nach vorn."

„Da, wo Opa immer sitzt?" fragte ich, und so brachte er mich in die vorderste Sitzbank. Da saß ich nun, ohne Opa, allein; denn meine Eltern waren auf der Chorempore, um zu singen.

Mit schwarzem Talar bekleidete Männer trugen meinen Opa im offenen Sarg nach vorn in den Unterchor der Kirche. Später sagte man mir, eigentlich hätte der Sarg verschlossen sein sollen. Mir war's aber so recht; denn nun begann die Trauerfeier, und ich konnte meinen Opa immer im Auge behalten. –

Viele Frauen weinten.

„Warum weinen die denn?" fragte ich mich. Hatte Opa nicht immer gesagt, dass es bei der Auferstehung der Toten wie ein Erwachen nach einem Traum sein wird. Ich konnte nicht weinen; denn diese feste Zuversicht, wie Opa sie hatte, setzte sich auch bei mir fest, da er ja *„nur schläft"*. Wenn auch etwas anders.

Die Orgel erklang. Mein Onkel spielte wieder gut. Nach einer Weile setzte der Chor ein. Leise, ganz leise und langsam sang der Chor: *„Laß ihn ruhen in deinem Frieden"* – Kurze Pause, dann noch einmal, da, leise, aber mit fester Stimme setzte meine "Mutti" ein. Trotz des Schmerzes ihrer Trauer sang sie so, wie ich es kannte. Der Chor blieb leise und Mutter sang einen weiten Melodienbogen: *„... in deinem Frieden"*. Und dann sangen Chor und Solosopranistin in bewegtem Rhythmus und immer stärker werdend: *„... und erwachen zu einer fröhlichen Auferstehung."*

So ist es! Einprägsam!
Dies glaube ich!

Das Sanktuarium meiner
Heimatgemeinde
in Altona/Elbe um 1930

Glück wünschen wir von Jahr zu Jahr,
weil wir es leicht vergessen.
Durch Unglück wird erst offenbar,
was wir an Glück besessen.
Theobald Nöthig

DIE SCHLECHTE UND DIE GUTE NACHRICHT

Laut und schrill läutet das Telephon. Der Angerufene, ein Mittfünfziger, erschreckt, rappelt sich langsam von seiner Mittagsschlafstatt auf, geht zum Apparat und meldet sich.

„Mein Lieber, hier ist dein Schwager, ich habe keine gute Nachricht für dich, kannst du schnell zu Wanda kommen?" hört er seinen Schwager sprechen, der dann hastig fortfährt. „Du wirst erschaudern; denn dein Bruder Rolf und dein Neffe Reinhard sind heute in der Elbe ertrunken!" keucht der Anrufende.

„Wie ist das möglich? – und das einen Tag vor Vollendung seines fünfundvierzigsten Geburtstages" antwortet noch etwas benommen der am Wohnzimmerfenster stehende Mann.

Stille.

Dann zeigt sich der Angerufene, ein schlanker großer Mann mit vollem leicht graumeliertem Haupthaar, ruhig und besonnen und sagt zu seinem Schwager: „Ich komme."

Hat es ihn nicht sehr überrascht? Ist es ihm gleichgültig, dass sein Bruder mit dessen Sohn ertrunken ist? O nein; denn seit Kindesbeinen kennt er seinen Bruder, ein typischer *Unfaller*. Es ist kaum aufzuzählen, was der jüngere Bruder für Unfälle erlebt und überlebt hat. So erinnert er sich, als ihn eines Tages die Mutter zu der nahe gelegenen Bäckerei schickte,

40

um für den Nachmittagskaffe Kuchen zu holen. Auf dem Weg dorthin wurde er von einem Lastwagen so angefahren, dass er ins Krankenhaus musste. Dort erhielt einen Streckverband am rechten Unterschenkel. Mutter wartete und wartete. Sie wurde, da er nicht nach Hause kam – wie Mütter natürlich so sind –, unruhig. Erst auf der Straße, wo dies Unglück geschah, erhielt sie von den Nachbarn den aufregenden Bericht des Unfalls: ... und dass der Junge ohne sich umzuschauen über die Straße gelaufen und dabei von dem Lastwagen so erfasst worden sei, dass er unverzüglich unter dem Lastwagen gelegen hat, ... und nun im Krankenhaus liege.

Als die Mutter erschrocken am Krankenbett saß, sagte plötzlich der fünfjährige Rolf, indem er seinen rechten Arm mit geschlossener Faust ihr entgegenstreckte: „Mutti, hier ist Geld, bin gefallen, tut aber nich' mehr weh!" Krampfhaft wollte er die ganze Zeit – beim Aufprall, während er unter den Wagen geschleudert wurde, auf der Krankenwagenfahrt, bei der schmerzhaften ärztlichen Behandlung – irgendwie seinen Auftrag zu Ende bringen. Und nun, als endlich die Mutter an seinem Krankenbett saß, da löst sich die Spannung bei dem Knaben und öffnete die bisher geschlossene Hand mit dem ihm anvertrautem Geld.

Größer geworden, mit dem Fahrrad in Harksheide unterwegs, machte er dort einen Sturz, erinnert sich aber nicht, wie es geschehen sein könnte. Fährt den weiten Weg mit dem Fahrrad und erlittener schwerer Gehirnerschütterung – wie im Traum – nach Hause.

Mit anderen Kindern spielte er selten. Er nahm sich am liebsten ein großes Kopfkissen, kniete an dem Rand der Sandkiste und sah zu, wie die anderen Kinder im Sand spielten. Der ‚Große‘ nannte ihn ‚Genie der Träumerei!"

„Nun soll er ertrunken sein?", dachte sich der Große, „wird wohl so sein!"

Im Hause seiner Schwägerin hört er von dem jüngeren Sohn seines Bruders: „Vati wollte sich unbedingt den Segelyachthafen in Wedel ansehen, dabei kam der

Reinhard auf die Idee, seine selbstgebaute Nussschale ins Wasser zu lassen und mal zu paddeln", und unter Tränen erzählte dieser dann noch, er selbst habe nicht mit in das Boot wollen, denn die Deichsteine seien ihm zu glitschig gewesen. Er wolle sich auch am Sonntag nicht schmutzig machen und – es war ihm doch zu riskant mit dieser unvollkommenen Nussschale auf der Elbe rumzupaddeln. „… und dann paddelten Vati und Reinhard vom Yachthafen auf die kappelige Elbe", berichtet der Klaus, „und es dauerte nicht lange, da kippte die Schale um. Beide gingen unter Wasser, kamen wieder hoch und klammerten sich an dem obenliegenden Kiel fest. Da war ich froh und dachte sie würden nun losschwimmen. Doch da", seine Stimme erstickte unter Tränen, machte eine Pause, schluckte und fuhr langsam fort, „die haben sich einfach losgelassen, und im Wasser sind sie verschwunden."

„Wie kalt mag das Wasser sein?" fragte der Schwager, „vielleicht zwei bis vier Grad?"

„Wenn es so ist, dann sind beide ohnmächtig geworden", ergänzte der Große, „das ist der sogenannte Selbstschutz des Körpers; denn der Blutdruck sinkt in solchen Fällen ab."

Fassungslosigkeit, Erschütterung und Ohnmacht, nichts tun zu können, dies machte sich unter den Familienangehörigen breit. Auch Hubschrauber- und Wasserschutzpolizei Einsatz hatte keinen Erfolg. Genau vierzig Tage vergingen, da wurden die Leichname an unterschiedlichen Stellen am Strand der Elbe angeschwemmt, geborgen und zur Bestattung freigegeben.

Die während der Trauerfeier gehaltene Ansprache des Geistlichen offenbarte einen tröstenden Vorgang, dass nämlich der Reinhard einige Wochen vor seinem Ertrinken bei einem seelsorgerlichen Gespräch nachgefragt habe, wie es wohl sein würde, wenn man stirbt.

Den Hergang des seelsorgerlichen Gesprächs konnte man der pastoralen Schilderung gut nachempfinden. Reinhard fragte: „Kann man glauben, dass der Mensch wieder auferstehen wird?"

Der Seelsorger ging auf diese Fragestellung nicht sofort ein, sondern leitete das Gespräch auf das dritte Wort seiner Frage und sagte: „Niemand sollte sich ein Urteil erlauben über Wert und Unwert des Christenglaubens, der nicht mindestens einmal in seinem Leben eine Nacht bei einem Sterbenden durchwacht hat."

„Warum?"

„Weil an solch einem Sterbebett endgültig offenbar wird, was es um den Menschen und sein Los auf dieser Erde ist. Hinter den täglich neuen Eindrücken, Begegnungen, den gestellten Anforderungen und Aufgaben mag sich dies leicht verbergen."

„Hm, ist das wahr?"

„Doch schon. Früher hatten die Menschen in den christlichen Ländern von ihrem Glauben her eine andere Beziehung zu diesen Dingen als unser heutiges Geschlecht."

„Wieso?"

„Nun, es hat sich heute ein bemerkenswertes Geschick entwickelt, dieses Thema als unantastbar anzusehen und zu verhüllen. Nur der täuscht sich darüber hinweg, der nie oder schon lange nicht mehr Zeuge beim Sterben eines Menschen war und erkennt, dass wir alle zum Sterben verurteilt und nur eine Handbreit vom Tod getrennt sind."

„Ich war aber noch nicht bei einem Sterbenden, und muss man dieses denn wirklich erfahren?"

Im Raum wurde es still, beide sahen sich an. Ein freundliches Lächeln zog über das Gesicht des Seelsorgers, und seinem jüngeren Gesprächspartner vermittelte er dann, dass man den Wert einer solchen Erfahrung nicht überschätzen solle, da nur die Außenansicht des Todes vermittelt wird. Was aber Sterben ist, wüssten wir nicht eher, als bis wir selbst an die Reihe gekommen seien. Ob wir beim Sterben eines Menschen Zeuge sind, dem unsere Liebe gehört, der ein Stück unseres eigenen Lebens mit ins Grab hinunternimmt, oder ob wir die allgemeingültige Wahrheit zur Kenntnis nehmen, dass unser Menschsein ein "Sein zum Tode" ist: Es macht einen Unterschied; denn wer es schon erlebt hat, der weiß, wie weh es tut. Dringlich tut sich daher die Frage auf: Ist es ein Abschied für immer, ein Schlusspunkt, oder ein Doppelpunkt? Ist es ein Vorangehen in eine andere Welt?

„Die Antwort hierauf geben uns die drei Bekenntnisse der christlichen Kirche", sprach dann kraftvoll der Ältere, „das Apostolische Symbolum, das Nicaenum und das Athanasianum, wo wir abschließend bekennen: **Ich glaube eine Auferstehung des Leibes und ein ewiges Leben!,** und stellte dann die Frage: „Verstehst du dieses, ja, begreifen und verstehen wir alle diese Antwort?"

„Hm, man gibt mir und auch anderen das Rezept: ‚Das musst du eben glauben‴, erwiderte Reinhard und war erfreut zu hören:

„Damit ist niemandem geholfen und diese Formel steht auch nicht in der Bibel."

Nach einer Weile, in der sie ruhig und nachdenklich blieben, stellte der Geistliche die Fragen: „Was bedeutet diese Antwort der Glaubensbekenntnisse? Sprechen wir sie einfach nach? Worauf gründet sich diese Hoffnung?"

Sie sahen sich beide fest an. Dann lockerte und entspannte sich allmählich das Gesicht des Geistlichen. Er war sichtbar erregt und gleichzeitig froh darüber, einem jungen und fragenden Menschen das Entscheidende der frohen Botschaft zu übermitteln. Er fing an, einige natürliche Ereignisse in Gottes Schöpfung darzustellen, indem er davon sprach, dass gewisse Andeutungen dieses Geheimnisses gegeben sind: Das Saatkorn wird in die Erde gelegt, es stirbt. Dann geht es auf, hat eine neue Gestalt und bringt vielfältige Frucht. So auch bei den Insekten, wie zum Beispiel den Schmetterlingen. Es sei dies ein besonders schönes Gleichnis für die Auferstehung des edelsten Geschöpfes, das Gott geschaffen hat: des Menschen!. Zuvor schlüpft die Raupe aus dem vom Schmetterling gelegtem Ei und kriecht dann in den Pflanzen und auf der Erde herum, um Blätter zu fressen. Sie muss sich mühsam um Nahrung bemühen und kommt nur langsam von der Stelle. Dann aber hüllt sie sich ein und erstarrt. In der wärmenden Frühlingssonne aber sprengt sie ihren Sarg, entschlüpft und fliegt frei in die Luft und genießt den süßen Blütensaft der Blumen.

„So ist es der Wille und die Absicht des Schöpfers, dass der nach Seinem Ebenbild geschaffene Mensch nicht im Tode verbleibe, sondern auferstehe!" rief er dann in den Raum.

Daraufhin ertönte es wie eine Posaune: „Glauben im Sinne des Neuen Testaments ist kein Mittelwert zwischen Baum und Borke, nein, auch nicht zwischen Gewissheit und Ungewissheit, sondern **Gewissheit!**

Mit dieser Zuversicht und festem Glauben an die Auferstehung, ging Reinhard in die Ewigkeit ein.

In der weltweiten Christenheit wird diese Gewissheit, wie an diesem Ort, aus dem Worte Gottes jedem Menschen angeboten.

Gib mir ein Herz voll Zuversicht,
erfüllt mit Lieb und Ruhe,
ein weises Herz, das seine Pflicht
erkenn' und willig tue!
Christian Fürchtegott Gellert

DIE LEHRENDE, DIE LERNENDE

Zwei junge Frauen radelten am rechtsseitigen Ufer der Elbe auf Feldwegen von Magdeburg über Biederitz nach Hohenwarthe und von dort in den Möserwald. Beide hatten sich etwas Besonderes vorgenommen, nämlich ein Gespräch unter vier Augen zu führen. Die Ältere war von kleiner, aber kräftiger Statur, stets frohgemut und tatkräftig. Wenn sie mit ihrem einnehmendem Wesen jemanden ansah, war sofort eine Vertrauensbasis hergestellt, da man in ein ruhiges, zufriedenes, anheimelndes und lächelndes Antlitz blickte. Die zehn Jahre Jüngere, von großer, schlanker und stattlicher Figur, mit dunklen Augen und braunen Haaren, war die Lernende und Lisa genannt.

Tage zuvor hatte Lisa an die Ältere die Frage gerichtet: „Ilse, kannst du mir nicht erklären, warum du jeden Sonntag in die Kirche gehst?"

Ilse stutzte, guckte Lisa erstaunt an, wunderte sich ob dieser Frage und konnte nur antworten: „Hm, nun ja."

Beide schwiegen.

Die Zeit verging.

Sie saßen sich am Schreibtisch gegenüber und taten so, als würden sie intensiv ihrer Arbeit nachgehen. Lisa war neugierig. Mehr noch, wissenshungrig. Obwohl auch sie, wie üblich, gelegentlich zur Kirche ging, beschäftigte sie sich schon eine längere Zeit mit dieser Fragestellung. Sie vermutete, dass Ilse ihr eine plausible Antwort geben könne, hatte aber wenig Courage, die

Frage zu stellen, daher brach es so plötzlich und unvermittelt aus ihr heraus.

Nach einer gewissen Überlegungszeit setzte sich Ilse in ihrem Arbeitssessel zurecht, lehnte sich zurück, sah Lisa freundlich an und gab als Antwort: „Ich will es gern tun, jedoch kann ich es nur zwischen uns beiden allein. Deshalb schlage ich vor, beim nächsten Treffen mit dem Fahrrad-Wander-Verein fahren wir mit unseren Gefährten gemeinsam los, nach 'ner Weile trennen wir uns von ihnen und radeln dann in den Möserwald."

„Das ist prima, aber warum nicht bei dir?"

„Nee, dann passiert das, was ich vermeiden will"

„Wieso?"

„Wenn nämlich Männer dazustoßen, wie zu Hause, kann ich nicht reden. Die quatschen dazwischen und in Glaubensdingen reden Männer anders als wir und werden professoral. Wir bleiben allein!"

So kam es dann. Beide erreichten einen gemütlichen Rastplatz im Möserwald, wo man gut lagern konnte. Ilse machte entsprechend ihrer Gewohnheit Scherze und meinte, wie es wohl wäre, wenn die sieben Zwerge kämen und ihnen ihre Aufwartung machen würden. Eventuell so gar ein Prinz daher geritten käme durch den dunklen Wald und sie ..., man kann es sich nicht ausdenken. Unter Lachen und Gekicher verzehrten sie ihren Proviant.

Nur ungern wollte Ilse sich über den christlichen Glauben äußern. Bisher war sie Zuhörerin. Für sich selbst hatte sie die christliche Thematik in Anspruch genommen. Da aber Lisa sie nach einer Begründung gefragt hatte, begann Ilse zögernd: „Weißt du, wenn man sonntäglich an einem Gottesdienst teilnimmt und ihn als Dienst der Anbetung versteht, dann braucht man zuvor eine Wissens- und Glaubensgrundlage."

„Und wie sieht die aus?"

„Du hast doch den Konfirmandenunterricht besucht. Da ist dir doch sicherlich etwas von Adam und Eva, Abraham, Isaak und Jakob berichtet worden, oder?"

„Ja, ja –, aber das ist schon lange her – und Adam und Eva wohl noch etwas länger."

„Aber auch in der Schule fängt man erst mit dem ABC an, um Lesen zu lernen, klar?"

„Einverstanden, aber was hat das mit dem Gottesdienstbesuch zu tun?"

Die Frage stand. Ilses Gedanken liefen schnell. Sie überlegte wie sie es anstellen könnte, um eine plausible Antwort zu geben. Dann aber hielt sie an dem fest, was sie zuvor geäußert hatte, nämlich bei Adam und Eva anzufangen und sagte: „Um nicht beim Ziel, das man erreichen will, anzufangen, muss man wohl erst einmal losstarten, nicht wahr? Pass auf!" Daraufhin erläuterte Ilse, dass Gott es sei, der die Menschen liebt, die Er nach Seinem Ebenbilde geschaffen hat. Als Krönung und Könige der Schöpfung seien sie auf die durch IHN zubereitete Erde eingesetzt worden. Diesen Herrschaftsbereich habe Gott dem Lebensträger und Statthalter Gottes mit dem Auftrag: *„... bevölkert die Erde und macht sie euch untertan und herrschet ..."* übergeben.

„Weißt du", setzte sie ihre Ausführung fort, „die dem Menschen vollends überlassene Entscheidungsfreiheit, sich dem Guten oder dem Bösen zuzuwenden, vollzog im Laufe von Generationen die Ausstoßung des Göttlichen, da der Mensch das 'Böse' ausgewählt hatte. Man kann sich vorstellen, dass das Denken und Handeln der Menschheit zur Abkehr von dem Einen wahren Gott führte."

„Was aber war die Ursache dieser Abkehr?" warf Lisa ein, worauf Ilse aufsprang und sich vor Lisa wie eine Statue aufstellte, sich leicht verbeugte und leise begann: „Wenn Sie, Gnädige, mir etwas als Geschenk übergeben haben, zu welchem Anlass auch immer, was erwartet die Gnädige dann?"

„Selbstverständlich ein Dankeschön, das ist doch wohl klar!"

„Siehste!" Ilse setzte sich, erquickte sich mit einem Schluck Wasser und fuhr fort: „Das Danken ist eines der lebenswichtigen Grundbegriffe, besonders Gott gegenüber; denn sobald das Dankgefühl unterdrückt und das Gebet unterlassen wird, sich Ungehorsam gegenüber den Geboten durchsetzt, das Zeugnis des göttlichen Geistes im Menschen erkaltet und die Verpflichtungen gegenüber Gott unterlassen werden, beginnt die Abkehr von allem Göttlichen." Ilse hielt inne. Das hatte sie gut gesagt und war ein bisschen stolz. Besinnliche Ruhe kehrte ein.

Doch dann gab's eine kleine Unruhe. Zwei Eichhörnchen jagten sich, sprangen von Baumast zu Baumast und liefen an den Baumstämmen mit Eichhorngeschwindigkeit auf und ab, als gäbe es kein Schwergewicht. Dies belebte das Ganze. Ilse war beim Anblick freudig begeistert und wäre am liebsten dazwischen gewesen, aber Lisa meinte: „Wenn das so ist, dann entwächst doch daraus Rücksichtslosigkeit, auch gegen den Nächsten, nicht wahr? Guck –, so wie die Eichhörnchen einander jagen, jagen die Menschen nicht auch einander?"
„Gewiss –, wie's die Geschichte des Menschen zeigt mit dem Geist des Hochmuts und der Rebellion", ergänzte Ilse, und entgegen ihrer sonstigen Art dozierte sie: „Überlege –, das muss man sich vor Augen halten, den Schöpfer des Weltalls, den Geber aller guten Gaben, den höchsten Gesetzgeber und Richter, den Lenker irdischer Dinge haben die Menschen nicht ganz vergessen. Sie haben unter verschiedenen Namen, Bildern und Skulpturen Gott noch angerufen. Das Priestertum, die Altäre mit ihren Opfern, die Abgabe des Zehnten, die Gebete und Feste, die Tempel mit ihren Weihen und Gebräuchen wurden nicht von den Menschen aus dem Nichts hervorgebracht; denn Gott war es, der sich mit der adamitischen Menschheit beschäftigte, obwohl sie weltweit in Götterverehrung und Anbetung verfallen war." Ilse machte eine kleine Pause, um das Gesagte wie mit einer Marke zu versehen. Ein Schluck Wasser erquickte sie und dann folgerte sie: „Die Religionen stammen alle aus der von Adam über Noah überlieferter Patriarchenreligion. Jedoch mehr und mehr entstellt und durch eine gewisse Verwilderung bis zum Götzendienst entartet."

„Und was hat das alles mit dem christlichen Gottesdienst zu tun?" stellte Lisa ihre Frage. Es war ihr wohl die geschilderte Vergangenheit einleuchtend. „Aber was will Ilse damit erreichen, was ist ihr Ziel?" waren ihre Gedanken und sie äußerte: „Wozu dient dieses Wissen?"

Ilse verstand, sie freute sich, dass ihre Partnerin ihr folgte, schneller ans Ziel kommen wollte, und ihr wurde klar, wie sie weiter formulieren und einzelne Punkte setzen müsse. Sie ging in Hockstellung, den rechten Ellenbogen setzte sie aufs rechte Knie, stützte ihr Kinn in die rechte Handfläche und sagte nachdenklich: „Weißt du, weil die Furcht vor höheren Mächten nicht von den Menschen wich, schufen sie sich Götzenbilder und verwandelten die Herrlichkeit des ewigen und unvergänglichen Gottes in das Bild vergänglicher Wesen. So zum Beispiel wie in Menschengestalten oder in vierfüßige, geflügelte und kriechende Tiere. Hinzu kommt noch die Abstumpfung des sittlichen Gefühls. Was meinst du wohl, was die Auswirkung war? Die Unterscheidung des Guten und Bösen ging mehr und mehr verloren. Die Tugend wich der Unsitte. Ausschweifungen nahmen überhand. Darum zog sich Gott von den Menschen zurück. Gegenüber den Völkern schwieg Gott. Ihnen konnte Er sich nicht mehr offenbaren. Dies aber wollte Er."

„Und warum?"

„Es geht schlicht und einfach um das Erkennen von Gut und Böse. Dies ist ein Herrschaftsbereich, der stets und ständig außer acht gelassen wird." Ilse stand auf, ordnete ihren Rock, wickelte ein Handtuch zu einem Kniekissen, kniete sich auf diese Unterlage und erläuterte, indem sie ein größeres Viereck auf den Waldboden zeichnete: „Dies ist das Paradies, ein schöner großer Garten, und irgendwo in diesem Garten stehen zwei Bäume." Sie nahm zwei Aststöcke und steckte die demonstrativ in das gezeichnete Viereck: „Und das sind die zwei in Frage kommenden Bäume, um die es damals ging."

„Du meinst den Baum der Erkenntnis und den des Lebens?" warf Lisa ein.

„Ja –, hierin liegt der Entscheidungsmoment für die gesamte folgende Menschheit", rief Ilse laut aus, „denn eigentlich steht hinter dem kleinen Paradies das weite, das unendliche Sternenall Gottes und die größte Revolution, die es jemals gegeben hat."

„Moment, wo läufst du mit deinen Erklärungen hin? Ist das nicht ein bisschen zu weit gegriffen?"

„Ja –, recht weit, weil es wichtig zu wissen ist, da es sich um den Kampf zwischen Satan und Gott handelt, und da der Mensch als Hüter eingesetzt war und ist, stehen wir mitten drin."

„Das ist doch unmöglich", meinte Lisa und war innerlich erregt, weil dieses ihrer augenblicklichen Aufnahmefähigkeit etwas zu überschwänglich erschien.

„Klar. Für den Menschen allein unmöglich", sagte Ilse kraftvoll, „aber als Lebensregel zu jeglicher Entfaltung gehört das Wachstum." Ilse holte tief Luft, machte bewusst eine Pause, um das, was sie nun zu sagen und zu verdeutlichen hatte, wurde sie ruhiger und sprach: „Wir sollten bei allem Urteilen über dieses Thema nicht oberflächlich bleiben und uns unser eigenes Beginnen als Mensch vor Augen führen. Auch anfangs war doch der geschaffene Mensch noch in einem gewissen kindlichen Verständnis, wenn er auch den Tieren ihren Namen gab. Er war doch schon klug. Doch es geht um mehr, der Mensch sollte im göttlichen Auftrag nämlich Verwalter und Erhalter der Schöpfung sein. So waren diese beiden Bäume, wie die beiden Knüppel dort," sie zeigte dabei in die Richtung der Aststücke, „die waren dem damaligen Verständnis der jungen Menschheit angepasst."

„Das ist ja beachtlich, wie du mir das darstellst. Wer hat dich unterrichtet?" fragte Lisa bewundernd.

„Da kommen wir später drauf, ich möcht's weiter darstellen, sonst verliere ich den Faden, pass auf!" Dann schilderte sie, dass das Gebot, die Frucht nicht zu essen, der Verständnisbefähigung des jungen Menschen angepasst gewesen sei, da das Nichtessen von der Frucht eigentlich ein Sieg über die Anfechtung sei. Das Bewusstsein der ersten Menschen sollte, bedingt durch Prüfungen, von der *Wahl*freiheit, die von Anfang an dem

Menschen gegeben war, zu einer *Macht*freiheit geführt werden und hernach sich zum Herrscherdienst für die Erde auswirken. Weitere Prüfungen hätten das Innenleben des Menschen ausgereift und vertieft. Das Erkennen von Gut und Böse wäre auf einem anderen Niveau erfolgt, nämlich sie hätten das <u>Gute erkannt und das Böse durchschaut</u>. Nachdem sie für Lisa eine Denkpause eingelegt hatte, fuhr sie fort: „Im Wachstum durch Prüfungen wären die ersten Menschen von der Unschuld bis hin zu einer sieghaften Heiligkeit mit einer gottähnlichen Erkenntnis von Gut und Böse gereift."

Ergriffen von dieser Auslegung, es war Lisa noch nie *so* dargelegt worden, folgerte sie: „Könnte man dann demnach auf den Gedanken kommen, dass das Essen von der Frucht eigentlich keine Nascherei gewesen sei, sondern sich Adam und Eva hinter dem Rücken Gottes ursprünglich auf die gleiche göttliche Erhabenheit emporschwingen wollten, um ‚Gott gleich zu sein'?"

„Davon können wir aus heutiger Sicht wohl ausgehen. Obwohl es nur ein verbales Gebot war, nicht von der Frucht zu essen, verlor die Menschheit ihr Eden, den Wohnort der Wonne, der Lieblichkeit und des persönlichen Umgangs mit Gott." Mit Nachdruck sagte Ilse dann: „Dadurch wurde Eden die Stätte eines tragischen Zusammenbruchs."

Beide wurden still.

Plötzlich erkannten sie, dass die Schlange ihr Versprechen, zwischen Gut und Böse zu unterscheiden, wohl gehalten hat, wenn auch in verzerrter Form. Ihre Gedanken formten sich zu einem Ergebnis und Lisa sprach es aus: „Zwischen diesen beiden Polen hat die Menschheit offensichtlich eine Unterscheidung erlangt. Dann wäre es doch richtig zu fragen: Durch einen Erfolg über diese erste Anfechtung, könnte der Mensch also in der Lage sein zu erkennen, was gut ist und böse wäre?"

„Ja, Lisa –, jetzt ist's genau umgekehrt, jetzt wissen wir was böse ist und was gut gewesen wäre. Und weil am Baum dieser Erkenntnis die Verfehlung vollzogen worden ist, musste nun der Mensch vom Lebensbaum abgeschnitten werden ...“

„Um nicht ewig im Ungehorsam leben zu müssen, oder?“

„Ja –, und der Tod hielt seinen Einzug in das Menschengeschlecht!“

„Darum bleibt die Sehnsucht der Menschen nach dem Paradies immer noch, wie man an den ‚Ismussen‘ sehen kann“ meinte Lisa und Ilse antwortete tröstlich: „In der Tat, Gott wird Seinen Plan gegen alle Widerwärtigkeiten des Teufels und der Menschen durchführen und einen neuen Himmel und eine neue Erde schaffen. Dies ist Seine Verheißung. Das glaube ich!“

Entschlossen äußerte Ilse ihr Bekenntnis. Sie erhob und reckte sich, ging zu den beiden aneinander gelehnten Fahrrädern und holte aus ihrer Packtasche ein Miniaturbüchlein. Mit schnellen Schritten, das Büchlein wie in Siegespose hochhaltend, kam sie zu Lisa zurück.

Lisa schaute die Siegestrophäe an, stellte fest, dass es ein Neues Testament war und fragte sich, was nun wohl kommt. Nachdem Ilse sich gesetzt hatte, fing sie an zu blättern. Suchte eine bestimmte Stelle im Büchlein, fand sie nicht sofort, wurde etwas aufgeregt, verhaspelte sich, rief dann aber, als sie die gesuchte Stelle gefunden hatte: „Hier meine Liebe, ist das nicht herrlich, wenn einem bestätigt wird, das es nicht so trostlos zu Ende geht, wie Viele es behaupten. Sondern der gläubige Mensch und die gesamte von Gott geschaffene Kreatur wird erlöst sein. Pass mal auf; denn der Apostel Paulus schreibt es den Römern in seinem Brief, pass auf: ‚Denn wartet nicht die ganze Schöpfung gespannt und sehnsuchtsvoll der Stunde, da Gottes Söhne sich enthüllen sollen in ihrer vollen Herrlichkeit?‘ Man muss verstehen lernen, dass diese Schöpfung die Welt ist, die Gott dem Menschen als Wohnstätte und Herrschaftsgebiet übergeben hat, und zwar mit allem, was in ihr lebt und webt.“ Ilse war ganz Feuer. Mit leuchtend fröhlichen Augen sah sie Lisa an und fuhr dann fort: „Nun sagt Paulus weiter: ‚Die Schöpfung liegt ja in den Banden der Vergänglichkeit: Nicht nach eigener Wahl, vielmehr durch fremde Schuld.' Und stell dir vor, nur durch das Geschehen am Baum der Erkenntnis", Ilse zeigte auf den einen Knüppel im gezeichneten Garten und mit erhobenem Zeigefinger erklärte sie: „Also durch die Schuld des Menschen ist auch die Schöpfung der Vergänglichkeit anheim gefallen."

„Das ist ja sehr weitgreifend. Das Ganze ist ...", Lisa hielt inne, sie sah am gegenüberliegenden Waldrand, wie sich Grasbüschel bewegten. Ilse erhielt einen kleinen Schubs, um sie aufmerken zu lassen. Lisa zeigte in die Richtung, wo plötzlich ein Hase auftauchte. Der setzte sich auf seine Hinterläufe, stellte seine Löffel aufrecht, horchte und sah nach rechts und links. Die beiden Frauen schien er nicht erkannt zu haben; die verhielten sich ruhig. Gespannt schauten sie auf das Tier. Dies ging von seiner Hab-Acht-Position wieder in Ruhestellung, schnupperte am Boden. Plötzlich aber krachte etwas im Gehölz, der Hase sprang auf, man sah nur noch seine Blume, und war im Unterholz verschwunden.

Beide Frauen holten tief Luft, sie hatten sich auch erschreckt, und Lisa meinte: „Wäre doch schön gewesen, wenn wir hätten den Hasen noch etwas länger beobachten können. Was kann das nur für'n Krachen gewesen sein? Fällen die wieder Bäume?"

„Möglich schon, aber weißt du", und Ilse fing an, ihr Thema aufzugreifen, „hier konnte man gut beobachten, wie furchtsam die Tiere sind. Stets beobachten sie Gefahren, sind auf der Hut und suchen Schutz vor Bedrohung. Das zeigt uns doch, wie Paulus es klarstellt: ‚Die ganze Schöpfung ist bis jetzt voll Klageseufzer und harrt mit Schmerzen einer Neugeburt entgegen'."

Ilse hatte ihr Büchlein wieder aufgeschlagen und zitierte aus dem Römerbrief des Paulus: „Der Schöpfung winkt jedoch die Hoffnung, einst befreit werden soll von des Verderbens Knechtschaft, um teilzunehmen an der Freiheit, die Gottes Kinder mit der Herrlichkeit empfangen sollen. Mit dem Menschen ist die Schöpfung erniedrigt worden, mit dem Menschen soll sie auch erhöht werden. Wir wissen ja: Doch nicht allein sie seufzt. Auch wir, die wir bereits den Geist als Erstlingsgabe der zukünftigen Herrlichkeit besitzen, auch wir, wir seufzen innerlich und warten sehnsuchtsvoll darauf, in unsere Kindesrechte eingesetzt zu werden und damit auch für unseren Leib Befreiung [von den Banden der Sterblichkeit und Vergänglichkeit] zu erlangen."

Ilse machte eine kleine Pause, dann sagte sie: „Hier in einer Zwischenbemerkung sagt der Übersetzer Ludwig Albrecht und meint: ‚Zu dem unbewussten Sehnen der Schöpfung kommt das bewusste Sehnen der Kinder Gottes. Diese Befreiung des Leibes ist die Enthüllung der jetzt noch verborgenen Gotteskindschaft. Dies ist das Heil, worauf wir jetzt noch hoffen.'" Ilse klappte das Büchlein zu, schaute Lisa freudestrahlend an und blieb still.

Lisa aber konnte ihrer inneren Ergriffenheit kaum Halt bieten und Tränen feuchteten ihre Augen. „Was alles in solch einem Büchlein steht, nicht zu fassen", dachte sie. „Was wird mir Ilse noch alles sagen können, um zu erkennen, was Gott mit Seiner Schöpfung plant und ausführen wird?"

Als hätte Ilse Lisas Gedanken erraten, folgerte sie: „Die Heilige Schrift zeigt uns immer wieder einen tiefen, heilsgeschichtlichen Zusammenhang zwischen der Erde und der Menschheit. Pass auf! Wir hatten gesehen, den Menschen in seinem Unschuldzustand und der Garten Eden. Dann den Gefallenen und den Acker mit seinem Fluch, wie uns berichtet ist. Das auserwählte Volk Israel, das vorbildliche Gottesvolk mit dem gelobten Land. Dies ein Abbild des zukünftigen Gottesreiches. Bei sittlich und religiösem Verfall Israels die gleichzeitige Verödung des Landes und bei jeder geistigen Heilszeit die aufbrechende Erhebung der Natur."

Ilse war erfreut über dies, wie sie es darstellte; denn dadurch, dass sie ihr verborgenes Wissen in Worte fassen musste, erkannte sie für sich selbst die Größe der Heilsbotschaft für den Menschen. Sie wollte ihre Gedanken ordnen, doch ein freudiges Gefühl über die Gottesverheißung überwältigte sie derart, dass sie etwas fror und leicht zitterte.

Lisa bemerkte es und dachte: „Was is' denn nun?",
und ahnend fragte sie: „Überwältigt dich die Frage: Ist
das Gottes Plan?"

„Ja, eigentlich noch mehr –, entschuldige bitte." Ilse
hatte sich wieder gefasst. „Es ist einfach grandios, wie
Gott handelt. Weihnachten, ein sogenanntes Familien-
fest, das mit viel Brimborium und Trara gefeiert wird,
geht am eigentlichen Sinn vorbei. Denn Weihnachten
geschah etwas, was die hohe Berufung des Menschen
bestehen lässt, Gott wurde Mensch! Er hat sich zu uns
Menschen niedergelassen, um als Mensch die Dornen-
krone zu tragen, die der unerlöste und unter dem Fluch
stehende Acker Ihm bot. Stell dir vor, der göttliche Erlöser ward Mensch und hat als Mensch den menschlichen Beherrscher der Erde befreit von der Knechtschaft des Ungehorsams. Als Jesus am Kreuze starb, da
verdunkelte sich die Sonne und das Erdbeben kündigte
die Erneuerung der Erde an. Nach der Schrift erfolgt
aber noch eine Steigerung der Sünde; denn in der
kommenden antichristlichen Zeit werden auch die Na-
turkräfte sich gewaltig bewegen, wie man sehen kann;
da stehen wir. Aber im verkündeten Tausendjährigen
Reich Christi wird mit der gesamten Menschheit auch
die Natur gesegnet sein. Das sagt sogar der Prophet
Jesaja vor über 2.500 Jahren."

„Wie bitte?"

„Ja, Lisa! Wir haben in diesem Gespräch etwa 4.000
Jahre Menschheitsgeschichte übersprungen, jedoch den
Anfang, das Versagen und das sich im gegenwärtigen
sündhaften Zustand Gott gegenüber befindliche
Menschengeschlecht insgesamt zu erkennen ist wichtig
für uns als Christen. Gott hat die Menschheit nicht ein-
fach an die Seite gestellt. Gott ging einen Weg, den Seine
Gnade fand. Wie gesagt, der göttliche Erlöser wurde
Mensch und stellte sich den Herausforderungen der
Menschen und des Teufels. Allein Jesus hat in allen
Prüfungen, bis hin zum Tod, Gott gegenüber den gefor-
derten Gehorsam geleistet und ist als wahrhaftiger
Mensch in die Himmel aufgestiegen. Er trat als zweiter
Adam, wie es heißt, in die Kluft, die zwischen Gott und
Menschheit besteht, und hat sich ewig mit dem

Menschengeschlecht unzertrennlich verbunden, und das ist nun klar –, zugleich auch die Erlösung der Erde bewirkt. Eigentlich unfasslich, meinst nich' auch?"

Nach diesem längeren Gedankengang hielt Ilse inne, jedoch Lisa erkannte und ergänzte: „So bleibt also die seit Anfang der Menschheit bestehende Berufung bestehen. Sie wird aber in Christus gänzlich mit neuem Leben und Inhalt erfüllt .."

„Und mit ihrem unsterblichen Haupt Jesus Christus gelangt sie an das Ziel ihrer Bestimmung. Weißt du, und das bewegt mich immer mehr und mehr, dies gehört mit zu den tiefsten Geheimnissen, dass Gott den Menschen in Seinen Gnadenratschluss mit einbezieht, ihn einbindet in die Erreichung Seiner großen und alles umspannenden Ziele. Darum freu' ich mich auf die Ewigkeit!" rief Ilse aus innigster Bewegung heraus, sprang auf, ordnete ihre Kleidung und ging mit kleinen schnellen Schritten den Waldweg entlang. Lisa blieb sitzen, da sie sich ihre eigenen Gedanken machen wollte, um diese für sie neue Feststellung zu verarbeiten.

Ilse aber reagierte mit körperlicher Betätigung auf ihre Aussage, die sie sichtlich erfreute. Ihre Freude über diese Verheißung fand darin Ausdruck, dass sie das Lied ‚Schönster Herr Jesu' summte, tief Luft schöpfte und hin und wieder die Waldwegblumen betrachtete. Sie kam an ein größeres Feld mit schönen weißen bis rosa aufgeblühten Anemonen. Von der Sonne wurde dies Blütenfeld angestrahlt, so dass die Farben aufleuchteten, ähnlich dem Leuchten in ihrem Herzen.

„Wie schön ist doch Gottes Natur", rief sie und kam etwas tänzelnd zu der in sich versunkenen Lisa zurück. Ilse strahlte vor Freude und sagte: „Nun Lisa, dies ist das Grundwissen, um sonntäglich im Hause Gottes zu sein und Ihn mit dieser Gewissheit freudig anbeten zu können. Weißt du, Gott zwingt keinen Menschen zum Glauben oder zum Unglauben. Jeder Mensch hat seine Freiheit und seine Selbstbestimmung. Doch aus der Zahl von unwilligen und zur Bosheit neigenden Menschen erwählt sich Gott mehrere heraus, um an ihnen Seine Gottheit und Macht zu beweisen. Allerdings er-

wählt sich Gott aus der Zahl der Gläubigen einzelne, um
sie zu Trägern heilsgeschichtlicher Aufgaben zu machen. Da ist doch zum Beispiel der alte Abraham, der
noch im hohen Alter von 100", sie hielt inne und
sprach's langsam aus, „in Worten – einhundert Jahren –
noch Vater und damit ein Verheißungsträger des allmächtigen Gottes geworden ist."

Obwohl Lisa noch in sich selbst vertieft war, hörte sie
Ilse wohl sprechen, aber ihr gedanklich folgen? ‚Nun
fängt sie wieder bei den Alten an, was soll das? Wann
kommt sie endlich zum Schluss? Sie sprach doch schon
vom ‚Grundwissen', dachte sie und sagte etwas gequält:
„Was soll nun Abraham dabei?"

„Hm, ich versteh' dich, ist wohl'n bisschen viel. Aber
mit Abraham hat Gott durch Sein Verheißungswort einen Bund ins Leben gerufen und der steht als Bündnis
unter der Hoheit Gottes. Jawohl! Weil Gott damals nur
zu einem einzelnen Mann reden konnte, konnte Gott
sich dem Abraham offenbaren, ihn erleuchten, absön-
dern und durch ihn ein neues Verhältnis zu den Menschen herstellen. Dies geschah *erstmals* in der Menschheitsgeschichte" beschrieb Ilse und führte weiter aus,
dass dieses ein Bündnis war, welches nicht auf Papier
geschrieben wurde, um hernach zerrissen zu werden.
Auch nicht in einen Stein eingraviert, der später zer-
schlagen wird. Dieser Bund wurde durch Beschneidung
geschlossen, ins Fleisch eingeschnitten[2]. Es sei ein
Bund auf Tod und Leben, mit Blut besiegelt und bis an
die Quelle und Wurzel des menschlichen Daseins rüh-
rend; denn Blut ist ein Lebenselement des Menschen.
Da die Menschheit vor dem unerforschlichen und ge-
rechten Gott wie ein zum Tode Verurteilter steht, hat
Gott durch Gnade und Seine Liebe zu den Menschen
einen Bund gemacht, um sie, auch über ihren Tod hinaus, zum ewigen Leben zu führen. Darum wurde an
Abraham, an seinen männlichen Angehörigen und seinen Nachkommen das Zeichen des Bundes in ihr

---

[2] 1. Mose 17, 10-14

Fleisch geschnitten. Auch sollten die Gebote und Rechte des HErrn diesem *auserwählten* Geschlecht eingeprägt und in ihre Herzen ‚eingraviert' werden. Dies war ein gewaltiger Schritt vorwärts im Ratschluss des ewigen Gottes. Der weitere Schritt geschah in der ‚Fülle der Zeit', durch die Geburt des Christkindes. Mit der Geburt, dem Tod, der Auferstehung und der Himmelfahrt Jesu Christi ist ein Neuer Bund geschlossen worden und eine körperliche Beschneidung nicht mehr notwendig. Das Todesurteil über die gesamte Menschheit ist durch Christus Jesus hinweg genommen! Als ‚Neues Zeichen' gilt die Taufe an dem gläubigen Menschen. Jedoch ist auch eine Beschneidung im ‚Neuen Bund' zu beachten, nämlich die *Beschneidung der Herzen.* Die alttestamentlichen Propheten hatten es schon ausgesagt und auch der neutestamentliche Apostel Paulus schreibt es in seinen Briefen. In diesem *neuen Gnadenbund* gilt der Glaube, wie er in den christlichen Glaubensbekenntnissen ausgesagt ist. So steht es heute noch, aber bis zu diesem Zeitabschnitt schuf sich Gott durch Aussonderung Abrahams einen Zeugen inmitten der weltweiten Vielgötterei. In der Person des ‚Erzvaters' Abraham sollte das Verheißungsfundament gegründet und die Herrschaft des Menschen über die Schöpfung erneuert werden. „Und mit diesem *Neuen Bund* tritt die gesamte Kirche auf der ganzen Welt allen Menschen entgegen. In der Taufe wird nun das ewige Leben, wie der Baum des Lebens in Eden, durch die Einwirkung des Heiligen Geistes dem einzelnen Menschen geschenkt. Dem menschlichen Auge unsichtbar, vermittelt der Heilige Geist durch einen ordinierten Geistlichen das Leben der Ewigkeiten. Und damit dieses neue Leben auch erhalten bleibt, geht ein Christ sonntäglich in die Kirche, damit dieses geistliche Leben nämlich durch das Sakrament des Abendmahls auch seine Nahrung erhält. Deshalb gehe ich des Sonntags in die Kirche, ist das klar?"

Beide radelten heimwärts.

„Eine Frage steht aber noch offen, Ilse!"
„Welche denn noch?"
„Wer hat dich das gelehrt?"
„Hm, ja, wer? Eigentlich nicht ein Einzelner. Es ist, wenn das Wort verkündigt wird, das Zuhören; denn der Glaube kommt aus der Predigt!"

0-0-0

Hier zeigt sich Ilse in ihrer ganzen Art als ein allzeit fröhliches Menschenkind. Dort, wo sie zugegen war, verbreitete sie im übertragenen Sinne ‚Sonnenschein'. Wie hier mit dem Kochlöffel lachend drohend, war es ihr gegeben, ihre, auch oft ernsten, Gedanken mit einem lächelnden Unterton vorzutragen. Diese Aufnahme zeigt sie anlässlich eines längeren Besuches in Lübeck, kurz vor dem Fall der Deutschland 40 Jahre trennenden Mauer.

Mit den Worten: „Lisa, ich freue mich auf die Ewigkeit, mir tut es nur weh, dass ich dich allein lasse.", ist sie in die Ewigkeit eingegangen.

Kinder, die man nicht liebt,
werden Erwachsene, die nicht lieben.
Pearl S. Buck

DIE STROMSPARERIN

In dem südöstlich vor den Toren der Hansestadt *Lubeca* gelegenen Territorium siedelten sich vor etlichen Jahrhunderten Menschen an und gründeten die Ortschaften *Nyendorpe* und *Honvarde.* Durch die dort vorhandene abwechslungsreiche Landschaft mit artenreicher Fauna und Flora fließt die *Wakenitz,* die bei Hochwasser das Land überflutet. Natürliche Dämme hinderten den zügigen Wasserlauf und vor dem sogenannten ‚Burgtor' bildete sich ein aufgestauter Flusssee. Dieses Gelände hat stets Menschen angelockt, um dort sesshaft zu werden. Aber wenn sich irgendwo Menschen ansiedeln, gibt es Zank und Streit, deren Wurzeln im Neid und in der Habgier liegen. Anfangs besteht sicherlich die Absicht, miteinander auszukommen. Es werden Verträge abgeschlossen, doch diese halten nur so lange, wie man sich verträgt. Die Ansiedler der Vorzeit konnten sich auch nicht vertragen. In den Jahren 1583 und 1595 wurden zwischen den lübschen und lauenburgischen Fischern vor der Ortschaft Rothenhusen *Seekriege* geführt. Die Lübecker Senatoren machten dem ein Ende und erhielten für 2.400 lübsche Pfennige vom Herzog Albrecht II. von Lauenburg die *Fischereigerechtsame.* Damals konnte man noch für Pfennige kaufen, darum heißt es auch: „Wer den Pfennig nicht ehrt, ist des Thalers nicht wert!"
Jahrhunderte waren inzwischen vergangen und man konnte sich wiederum nicht vertragen, trotz geschlossener Verträge. Anno Domini 1939 ist man in fremde Länder einmarschiert. Die Auswirkung: Abermillionen Menschen wurden aus ihrer Heimat vertrieben, 36 Millionen fanden den Tod und Unmengen von Wertgegenständen wurden dem Raub oder der Vernichtung preisgegeben.

Aber einige, die glücklich davongekommen waren, siedelten sich, wie in Vorzeiten, bei Honvarde, dem heutigen *Hohewarte* an. Die hier schon ansässige kleine und überschaubare Gemeinschaft nahm die Flüchtigen auf. Aber auch hier hatte jeder Einzelne seine kleinen oder auch größeren Sorgen. Zu der Zeit aber gab es noch ,Nachbarschaft' und mit Nachbarschaftshilfe stand ein jeder dem anderen zur Seite. Es war wie eine große Familie, die sich aber nicht in die Töpfe gucken ließ.

„In dieser Gemeinschaft auf Hohewarte
lebte und wirkte auch das ,*Klärchen*',
so etwa bei 45 Jährchen.
Sie hatte ein gütiges, wenn auch altes Gesicht.
Weiße Haare mit einem kleinen ,Dutt',
und ihre Zähne, die waren kaputt.
Die blaugestreifte Schürze über'm dunklen Kleid,
woll'ne Strümpfe an, ob's warm war
oder ob's schneit.
Sie schleppte das Wasser
und schippte den Schnee,
auch Holz hackte sie,
denn sie verstand den Dreh.
,Selbst ist der Mann und auch die Frau!'
Dies wusste Klärchen ganz genau.
Ihrer Heimat, der blieb sie in Gedanken treu,
im Alter aber fühlte sie sich so richtig frei.
Einfältig war sie, auch hatt' sie's schwer,
aus einfachen Verhältnissen kam sie daher.
Keine Zeitung, kein Radio, kein Telefon,
wer hatte damals das Fernsehen schon?
Treuherzig war sie, im guten Sinn,
auch des Nachts ging sie zum Wecker hin,
die Sommerzeit umzustellen von zwei auf drei.
Eingerichtet war sie einfach und schlicht,
kein fließend Wasser, aber elektrisches Licht",
so schildert's *Edith Meinke* in ihrem *Hohewarte-Bericht*.

„Schneeflöckchen, Weißröckchen, wann kommst du geschneit?" so fragt sie und berichtet weiter, auch vom ‚Klärchen', das den Familiennamen *Gerdtz* hatte. Das Klärchen war für die Kinder der Familie Meinke eine richtige *Oma* geworden. So ging sie auch mit der klei-nen *Edith* und deren Bruder *Joachim* an einem Heiligabend zur Christmette in die St. Gertrud-Kirche. Durch hohen Schnee mussten sie tapsen, denn es hatte über drei Tage lang geschneit. Nach dem sie nun wieder heimgekehrt waren und sich von der Strapaze des verschneiten Weges erholt hatten, saß die Familie mit dem *Klärchen* erwartungsvoll in der Küche. Sie warteten und warteten –, wie es alle Kinder bei diesem Fest tun. Recht spannende Minuten waren es, die wie zu Stunden wurden. „Wann kommt nun endlich der Weihnachtsmann?", war die berechtigte und aufgeregte Frage aller Anwesenden. Am Tannenbaum brannten schon die Kerzen. Auch der Kartoffelsalat war schon zubereitet und die Würstchen brauchten nur noch heiß gemacht zu werden; es könnte ja nun bald losgehen mit der Bescherung!

„Schöne Bescherung, dass der noch nicht kommt", dachten wohl alle, als die Mutter plötzlich aufschrie: „Ach, ich hab' vergessen Senf zu kaufen! – Würstchen ohne Senf schmecken doch nicht." Sie tat ganz entsetzt und wandte sich ihrem Mann zu und stellte verschmitzt die Frage: „Was machen wir nun?"

„Ich lauf' schnell los, ich hol' den Senf!" antwortete der Vater, und tat's.

„Muss das denn jetzt sein, der Weihnachtsmann kommt doch und du bist dann nicht dabei" riefen die Kinder hinter ihm her. Und natürlich, der Vater war kaum fünf Minuten fort, da polterte es draußen vor der Tür: Der Weihnachtsmann! Nur ein Weihnachtsmann kann das sein, der so poltert. Etwas seltsam war es den Kindern schon in ihrer Magengegend. –

Es klopfte an der Tür, die wurde aufgemacht und mit rotem Mantel, roter Zipfelmütze und einem langen weißen Bart trat der Weihnachtsmann herein. Er war da!

„Warum sind Weihnachtsmänner immer so laut?", dachte Edith so vor sich hin; dann sagte sie zu ihrem Bruder, wohl an seine Streiche denkend: „Ich glaub', Weihnachtsmänner machen immer so'n Krach, um die Schlingel zu ängstigen, weil die Weihnachtmänner immer genau wissen, was für Streiche die Jungs so machen, oder?" und nahm mit dem rechten Zeigefinger eine drohende Haltung ein –, aber lächelnd, um ihre eigene Angst zu überspielen. „Aber von den guten Taten, die wir Mädchen, vielleicht auch die Jungs machen, davon reden die Weihnachtsmänner nicht, komisch", flüsterte sie Joachim ins Ohr.

So war's denn auch. Erst wurden die Gedichte aufgesagt, etwas holpernd, manchmal stotternd, weil die Kinder wahrhaftig aufgeregt waren. Dann war es so, wie Edith vorher geflüstert hatte: Die Rute wurde drohend hochgehalten, leicht hin und her geschwungen und jede, aber auch jede Unart wurde vorgehalten. *Woher weiß der das alles?"* fragten sich die Kinder.

Klärchen saß auf der Eckbank, beobachtete die Bescherung und freute sich mit jedem über die aus dem großen Sack hervorgeholten Geschenke: Ein selbstgestrickter Pullover, ein Bilderbuch, ein Schal, Äpfel ... und was da so alles aus dem großen Sack hervorkam.

„Wo bleibt Vati bloß?", fragte sich Edith; denn für ihn packte der Weihnachtsmann ein Paar handgestrickte Socken aus. Auch Frau Gerdtz, das gute alte Klärchen, bekam außer Pfefferkuchen, Äpfeln und Apfelsinen ein großes Paket. Aber die übliche Mettwurst oder auch Eingemachtes, das sie sonst erhielt, bekam sie diesmal nicht.

„Wie kommt das bloß?, eigentümlich", überlegte sich Edith. Dann wurde Joachim aufgefordert, dicht an den Weihnachssack heranzutreten und tief in den Sack hineinzugreifen.

„Gar nich' so einfach, an den Weihnachtsmann heran zu gehen –, der Joachim hat doch Mut!" stellte die Schwester fest.

„Oh, is' das doll schwer", rief Joachim und strengte sich an, das Geschenk herauszuholen. Dann war's geschafft.

„Na, was ist denn das?" riefen alle erstaunt. Dann sah man es: Ein Omnibus aus Holz, naturgetreu nachgebildet, und sogar mit einem Anhänger. Einen Motor hat der Bus auch, den man allerdings aufziehen muss. Das is'n Geschenk, doll!

„Danke!" sagte Joachim artig und machte einen *Diener*. Edith aber überlegte sich: „Der Weihnachtsmann schaut nun nicht mehr so böse drein", auch fiel ihr auf, dass dieses Spielfahrzeug so gut verarbeitet war, wie es eigentlich nur ihr Vater hätte machen können, und fragte sich wieder: „Wo bleibt der bloß?"

Dann verabschiedete sich der alte Mann, sah alle nochmals lächelnd an und ging polternd in die dunkle Nacht hinaus.

„Wir waren froh, dass <u>der</u> endlich weg war!" vermerkte Edith, diese Situation nachempfindend, später in ihrem Bericht.

Den Senf hoch in der rechten Hand haltend, kehrte der Vater zurück und erwähnte dabei, dass er noch den Mantelzipfel des Weihnachtsmannes gesehen habe, als der um die Ecke flitzte.

„Das kann wohl sein, dass Vater den Mantelzipfel vom Weihnachtsmann gesehen hat, aber komisch ist doch, dass das Senfglas schon angebrochen ist und so aussieht wie das, welches in der Speisekammer stand", stellte Edith fest. Aber weiter kam sie mit ihren Überlegungen nicht; denn sie sah Klärchen, die still vor ihrem Weihnachtsgeschenk saß –, sie war sprachlos, kein Wort kam über ihre Lippen, aber Freudentränen hatte sie in den Augen. Nun betrachteten alle im Zimmer das Klärchen und wurden still. Sie waren glücklich darüber, dass das alte ausgediente Familienradio einen wahrhaft guten Zweck erfüllte und sie ihrer *Oma* damit eine große Freude bereitet hatten. Ein Rundfunkgerät mit ,Klaviertasten'! Mucksmäuschen still war es im Raum; alle hatten deswegen eine Ahnung, es sei ein Weihnachtsengel eingetreten.

Nach einer Weile, und nachdem sie den Apparat einige Male gestreichelt hatte, sagte Klärchen: „Am liebsten würde ich jetzt damit zum Friedhof gehen und ihn meinem Franz zeigen."

Indem die Mutter zu Tisch rief, wurden alle in die Gegenwart zurückgerufen

Am zweiten Feiertag, des späten Nachmittags, war Joachim mal wieder so'n richtig aufsässiger Bengel; denn irgend etwas passte ihm nicht. Und dann kam noch sein Bock dazu, den er bei solchen Stimmungen immer hatte. Die Eltern drohten ihm: „Wenn du nicht wieder ein ordentlicher Junge wirst, dann holt der Weihnachtsmann deinen Bus wieder ab, dann bist du ihn los!" rief die Mutter drohend. Aber Drohen nutzte nichts, aber auch rein gar nichts. Dann jedoch, man höre und staune, da guckte doch tatsächlich der Weihnachtsmann durchs Fenster! Da war dann doch ‚Holland in Not', und die Angst vor dem alten Mann und dass der den Omnibus wieder mitnehmen könnte, ergab, dass Joachim ein derartiges Zetergeschrei hervorbrachte, dass sogar der Weihnachtsmann einen Schreck bekam und verschwand.

Doch Edith bemerkte: „Komisch, dass Vati wieder einmal nicht dabei war, und mal wieder zur Toilette gegangen war."

„Ich hab' ihn wieder um die Ecke flitzen sehen, seinen roten Mantel und auch den weißen Bart!" rief, noch außer Atem, der Vater.

Als nun wieder Ruhe eingekehrt und jeder Einzelne mit seiner Weihnachtsgabe beschäftigt war, meinte die Mutter, sie wolle einmal rübergehen zu Frau Gerdtz, um sich nach ihrem Befinden zu erkundigen und um teilzuhaben an ihrer Freude. Der Vater hatte tags zuvor dem Klärchen die Bedienung des Radioapparates gut erklärt, so dass sie es schnell begriffen hatte und auch damit umgehen konnte. Mutter Meinke staunte aber nicht schlecht, als sie das Gerät nicht auf der Kommode, wo ihr Mann es hingestellt und auch angeschlossen hatte, sondern nahe der Steckdose am Fußboden vorfand. Auf die Frage, warum der Apparat auf dem Fußboden stehe, behauptete Klärchen:

„Dann braucht er doch nicht so viel Strom!"

An diesem Ort geschah dies alles

Kinder sind Schauspieler:
Sie ahmen ihre Eltern nach –
allen Versuchen zum Trotz,
ihnen gute Manieren beizubringen.

Unbakannt

DER ERKANNTE WEIHNACHTSMANN

In unserer Weihnachtsstube war es damals, wie's der Dichter anspricht: „Großmutter, Mutter und Kind", in  diesem Fall jedoch mit Vater, „in der *Guten Stube* versammelt sind". Alle waren voller Erwartungen, und gespannt wie die ‚Armbrust'. Das von Mutter geforderte Pensum Weihnachtslieder hatten wir schon gesungen. Mutter saß dann am Klavier, spielte und sang. Ich wetteiferte in punkto Lautstärke mit ihr, was das Zeug hielt. Mutter hatte eine kräftige Sopranstimme und ich mit meinem Knabensopran konnte mithalten, bis in die höchsten Höhen des Soprans. Wir sangen gern zusammen und unser Vati stimmte dann stets mit seinem Tenor ein. Nur unsere Großmutter hatte keine kräftige Stimme, die war zart und leise. Stimmungsvoll wiegte sie beim Singen ihren Kopf hin und her und sang immer den dazu passenden Text: *„La, la, la."*

In der *Guten Stube*, die zu damaliger Zeit nur bei Fest- und Geburtstagen genutzt wurde, stand in der rechten Ecke der mit Engelhaar, Lametta, silbernen und bunten Glaskugeln sowie Schokoladenkringeln behangene Tannenbaum. Die Lichter waren schon angezündet, aber der Gabentisch war noch völlig leer. Nur eine weiße Tischdecke, die Mutti bestickt hatte, lag darauf.

68

Dann kam der erwartete Augenblick: Im Treppenhaus polterte es, genauso wie bei Meinke's. Es klopfte. Die Tür wurde geöffnet und der erwartete Weihnachtsmann trat herein. Nur mit Mühe und unter Stöhnen setzte er den großen schweren Sack ab, stellte sich dann aufrecht hin und begann seine Litanei mit der üblichen Frage, ob wir auch immer artig gewesen seien. Doch er wusste schon alles; denn er zählte alles an Untaten genau so auf, wie Jahrzehnte später der Weihnachtsmann der Familie Meinke in Hohewarte. Weihnachtsmänner scheinen allwissend zu sein.

Als er an meinen Bruder *Wiwi* herantrat, um ihm seine Geschenkpakete zu überreichen, da gab es ein Geschrei und ein Zittern und Zagen. Es verschlimmerte sich derart, dass unser Wiwi noch Tage später hohes Fieber hatte. Der Weihnachtsmann aber bekam einen gewaltigen Schreck und erschien nie wieder in unserer Familie. Ihm ist's sicherlich ähnlich ergangen wie dem Weihnachtsmann der sich auch erschreckt hatte, als der Junge Joachim in Hohewarte sein Geschrei veranstaltete.

Danach hatte Wiwi keine Furcht mehr; denn der Weihnachtsmann wurde für tot erklärt!

Ob man es vermutet oder nicht: Der Weihnachtsmann wurde wieder ins Dasein erweckt. Aus dem derzeitigen kleinen Kreis wurde eine Großfamilie mit Kind und Kindeskind, wie es in den meisten Familien so üblich ist. Es nahte wieder ein Heiligabend heran und das ungeschriebene Familiengesetz besagte: Die Feier findet bei den Großeltern statt! Dann kam die Frage nach dem Weihnachtsmann, ob und wer, und ob überhaupt. Die Entscheidung war getroffen: *Er* sollte auftreten, aber wer? Das Los fiel auf mich. Also die entsprechende Kleidung beschaffen und sich auf einen 'Alten Mann' einstellen. Ich spielte mich in diese Rolle ein. Wollte aber weder poltern noch eine Rute schwingen. Auch keine Untaten aufzählen, da es nichts bewirkt. Ein *freundlicher Weihnachtsmann* will ich sein! Auch kein sprichwörtlich richtiger!

Es ging los! Alle hatten sich in der Küche und dem langen Korridor versammelt, und ich mich, ‚wohlgestaltet(!)', im großelterlichen Schlafzimmer versteckt. Als dann meine Mutter, die jetzige Großmutter, am Klavier das Lied *Ihr Kinderlein kommet* anstimmte, welches das Signal zum Eintritt in die Weihnachtsstube war, marschierten alle los. Das Pensum der Weihnachtslieder wurde, wie gewohnt, abgesungen, nur ich war nicht dabei, da ich eine Aufgabe zu erfüllen und auch keine helle Knaben-Sopranstimme mehr hatte. Endlich kam das Schlusslied: *Vom Himmel hoch da komm ich her ...*, allerdings dachte man bei diesem Lied nicht an mich, nein, ich war ja im Schlafzimmer. Jedoch es war das Signal für *meinen* Auftritt.

In der Türöffnung stehend und dort verbleibend, schaute ich die Runde an –, und die mich. Nichten und Neffen sagten dann ihre Gedichte auf. Der Reinhard war sehr aufgeregt, ein wenig ängstlich und musste von seiner Mutter unterstützt werden. Klaus hatte lediglich einen kleinen Vierzeiler aufzusagen, auch das gelang nur mit mütterlicher Unterstützung. Aber die Mädchen, Kerstin und Astrid, die konnten ihr Gedicht bis zum Schluss aufsagen, so dass ich mich verwunderte. Ich hatte das nie gekonnt. Mit der tiefsten Stimme, die mir möglich war, spielte ich nun den *gütigen* Weihnachtsmann mit Lob für alle guten Taten und dem Hinweis, so weiter zu machen; denn wir sollen uns doch über die Menschwerdung des ewigen Gottes freuen. Der Reinhard, der vorher etwas zögernd und ein wenig ängstlich war, lächelte, schaute mich von unten bis oben an und schmunzelte. Warum? Das ging mir erst später auf.

Da Kirchenmusiker sonderlich am Heiligen Abend viel zu musizieren haben, war ich dann nach dem Gottesdienst schnell ins elterliche Haus gekommen und hatte keine Weihnachtsmann-Stiefel sondern meine *Orgeltreter* an. Dann nur zügig in Mantel und Mütze mit Bart –, und los!

Als ich nun von dieser feierlichen Runde fortgehen wollte und mich verabschiedete, sagte Reinhard mit heller Knabenstimme in fester Überzeugung und ohne Angst: *„Tschüß, Onkel Alexander!"* An den Schuhen, den **Orgeltretern,** hatte er mich erkannt.

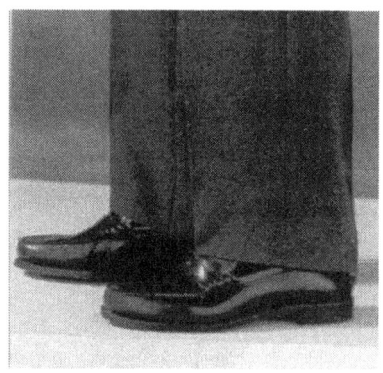

Freundliche Zeiten kommen nicht,

sie müssen gemacht werden.

Werner Bräuning

VIGIL[3] ZUR WEIHNACHT

Still ist's, nachtstill. Auch in mir ist's still. Frischer Schnee bedeckt stimmungsvoll wie auch weihnachtlich das Gelände. Die elektrischen Kerzen an der Tanne vor der Terrasse leuchten. Sie erhellen die Weihnacht. Weit in den Garten hinein, wo ebenfalls Stille herrscht, scheint das Licht. Die Wipfel der hohen Tannen winken mir nicht zu, wie bisher; nein; denn sie wetteifern mit der Kirchturmspitze unserer Kapelle, um aufwärts zu stre-ben in den leicht bewölkten Nachthimmel. Stellenweise schimmern Sterne hervor, als Zeichen des weiten Raumes und der Ewigkeiten. „Erhebt zum Himmel eure Augen und blickt auf die Erde unten!" ruft uns Gott durch den Propheten Jesaja[4] zu . Dieser Ruf zu den Menschen weist hin auf das zukünftige Sein in Gott und deutet ihn als Geschöpf Gottes in der Zeit. In einer begrenzten Frist steht der Geschaffene dem Schöpfer gegenüber, wie es im Gebet des Mose heißt[5]:

2 Du, Gott, warst schon,
bevor die Berge geboren wurden
und die Erde unter Wehen entstand,
und du bleibst in alle Ewigkeit.

---

[3] Vigil lat.. = Nachtwache. Im christlichen gottesdienstlichen Rahmen: Vorbereitungsfeier am Abend vor den hohen Festtagen

[4] Jes 51,6a

[5] Psalm 90 nach der Übersetzung „Gute Nachricht Bibel"

4 Für dich sind tausend Jahre wie ein Tag,
  so wie gestern – im Nu vergangen,
  so kurz wie ein paar Nachtstunden.
10 Siebzig Jahre sind uns zugemessen,
  wenn es hoch kommt, achtzig –
  doch selbst die besten davon
    sind Mühe und Last!
  Wie schnell ist alles vorbei,
  und wir sind nicht mehr!
12 Lass uns erkennen,
  wie kurz unser Leben ist,
  damit wir zur Einsicht kommen!
14 Lass uns jeden Morgen spüren,
  dass du zu uns hältst,
  dann sind unsere Tage erfüllt
    von Jubel und Dank.

Zeit –, in dem Bereich des fest umrissenen Lebens ist sie erfüllt mit der spannungsgeladenen Vielseitigkeit durch Momente menschlichen Daseins. Darum ist es stets an der Zeit in sich selbst zurückzukehren, um aufzuspüren, was das von Gott geschenkte Leben bewirkt hat. Gott allein ist aber der Wirkende. Wir, Geschöpfe Seiner Hand, dürfen *Mitwirkende* sein. Aus diesem Grunde möchte ich einmal aufzeigen, wie man mitwirken darf.

Heute, zur Weihnacht, konnte ich wieder meinen Dienst als Organist ausführen, altvertraute Melodien weihnachtlicher Lieder vortragen und die Gemeinde beim Psalmen- und Hymnengesang begleiten. Still klingt's in mir nach. Musik von außen möchte ich nicht hören. – Was aber könnte ich jetzt noch verrichten, hellwach, wie ich bin. Die Zeit mit "In-die-Röhre-Schauen" vertreiben? Was wird denn angeboten? Das Programmheft[6] gibt mit Überschriften einen Querschnitt und schlägt vor: „Bei guten Freunden Weihnachten verbringen!" Sind das aber gute Freunde, die beim Western in der "Bonanza" rumballern, eine "Stadt

---

[6] Aus dem Programmheft 1994

in Flammen" aufgehen lassen und mit "The Stepfather"
einen Horrorthriller präsentieren? Oder aber mit
"Nothing in Common – sie haben nichts gemeinsam",
einer Tragikomödie, dann noch "Allein gegen den Weihnachtsmann" kämpfen? – Es stellt sich die Frage, die
gleichzeitig eine Feststellung sein kann: „Wie weit ist
man von dem eigentlichen Thema der Weihnacht entfernt?!"

Die offiziellen Fernsehprogramme lassen noch etwas
davon anklingen. Im **"Ersten"** geht es "Mit dem Wunder
in der Wüste" los, und dann wird eine "Traumreise auf
dem Irrawaddy" in Birma gemacht, und von dort fährt
man zu "Onkel Remus' Wunderland". Bei der Weiter-
fahrt gibt es dann einen kleinen Aufenthalt, um an der
"Evangelischen Christvesper" live in Cottbus teilzunehmen. Danach muss man sofort, aber bitte beeilen,
in "Das fliegende Klassenzimmer" einsteigen, damit man
die "Stille Nacht, heilige Nacht" in Birnau am Bodensee
noch pünktlich erreicht, wo dann ein festliches Weih-
nachtskonzert in der Wallfahrtskirche stattfindet. Und
nachdem "Ein Nikolaus für alle Fälle" dann "Milch und
Schokolade" ausgeteilt hat, die Schauergeschichten der
TAGESSCHAU berichtet sind und "Das Wort zum Sonntag" gesprochen ist, wird wahrhaftig jeder, ohne Aus-
nahme, das "Geborgen in der Familie" miterleben.

Das **"Zweite"** verhält sich ähnlich: Indem "Pingu"
Weihnachten mit "Vielgeliebten Hummelfiguren" feiern
darf und neue "Ansichten" grenzenlos über Aachen an-
schauen lässt, wird mit dem "Zauber der Mechanik"
"Der Schneemann", "Das kleine Gespenst" und mit
"Kim, (vom) Geheimdienst in Indien", ein "Nervenkitzel"
aufkommen, der sich gewaschen hat. Dann aber, man
höre und staune, ruft es durch die Lüfte: "Freue dich, 's
Christkind kommt" in "Die Schwarzwaldklinik" und dort
erklingen dann "Weihnachtslieder" aus Wernigerode im
Harz. Ein "Sieben-Meilen-Stiefel-Sprung" von Gebirge zu
Gebirge! So leicht ist es, nicht wahr? Zum "Guten A-
bend" wird "heute" vom "Wetter" berichtet, wie es sein
wird. Ob's so sein wird? Ob's schneit, ob's stürmt, auf
alle Fälle: "Sie haben eine Herberge" in einem Luxus-
hotel ergattert, um dort "Das Geschenk" entgegenzu-

nehmen. Dort dann, aber nur dort, ist "heute" "... Friede auf Erden!" Dieser Friede führt jedoch auf "Die seltsamen Wege des Pater Brown" und alle Anwesenden bewegt die bange Frage: "Wie klaut man eine Million?" Das Resultat des Tages ist wahrhaftig sehr ergreifend; denn: "Kleine Gangster, (kriegen) große Beute!"

Eine Weihnacht *"Anno Domini"* 1994, – wahrlich?

Plötzlich laufen meine Gedanken dem Vergangenen nach. Ich stehe auf, gehe an das Bücherregal und greife ins ‚volle Bücherleben' hinein. Hier erwische ich die Chronik des Soldaten-Bibelkreises in Oslo 1941 - 1946.
„Wie viele Jahre darfst du deinem Gott und den Menschen mit der Musica sacra dienen?", stellt sich mir die Frage. Ich blättere und blättere in dem Büchlein. Hier steht's: Die **erste** Chorprobe, die ich leiten durfte, war am 20. Oktober 1942. Zwanzig Choristen, Sängerinnen und Sänger, fanden sich in der Kapelle der 'Deutschen Evangelischen Kirche' in Oslo ein. Unsere Proben richteten wir auf das bevorstehende Weihnachtsfest aus, und mit den – bedingt durch Heimaturlaub – vierzehn verbliebenen Chorgliedern haben wir zum Christgeburts-Gottesdienst mit Sätzen Alter Meister Gott loben und preisen dürfen.
Meine offizielle Tätigkeit als Kirchenmusiker hatte schon im Frühjahr desselben Jahres begonnen. Der als ‚Kriegspfarrer' eingesetzte Prof. Keyser stellte mir die Frage, ob ich bereit wäre, den Wehrmachts- und Zivil-Gottesdienst an der Orgel zu begleiten, da der norwegische Organist erkrankt war. So fing es an; im Krieg. Bis in den Spätherbst 1944 durfte ich jeden Sonntag auf der Orgelbank meinen Dienst tun. Die seinerzeit sonntäglich in der Kirche zu Oslo versammelte Gemeinde konnte sich in der bedrängenden Wirklichkeit der Kriegsjahre unter Gottes Wort und Sakrament sammeln und trösten. Dies war der Anfang meines Kirchenmusiker-Seins. Seit mehr als einem halben Jahrhundert darf ich als ‚Mitwirkender' des HErrn mit der *Musica sacra* in Seiner Kirche meinen Dienst versehen. Dankbar sinne ich dem nach.

„Ich rufe zu Gott dem Allerhöchsten, zu Gott, der meine Sache zu einem guten Ende führt"[7]. „Wenn wir dieses Psalmgebet dem Joseph, dem Verlobten Maria's, in den Mund legen; denn im Evangelium spricht er ja nicht, sondern handelt nur entsprechend, und das Loblied Mariens: ‚Meine Seele erhebt den HERRN und mein Geist freut sich Gottes, meines Heilandes; denn ER hat die Niedrigkeit SEINER Magd angesehen'[8] als Bekenntnis ihres sieghaften Gottvertrauens verstehen, dann erleben wir, wie zwei junge Menschen aus Gehorsam gegen Gottes Weisung und Verheißung[9] in einen gesegneten Dienst gestellt werden, der für viele Menschen, ja, die gesamte Menschheit zum Segen wird. Beiden wurde eine ungeahnt schwere Verantwortung für- und miteinander aufgelastet, ging es doch gewiss um ein einmaliges, oder besser erstmaliges Ereignis im Heilsplan Gottes", so schreibt mir mein treuer theologischer Weggefährte Heinz Johannsen[10] und stellt die Situation, von der die Weihnachts-Botschaft berichtet, unter ein neues Licht.

„Ihr Kirchenmusiker müsst doch immer, wenn es um die Musik im Kirchenjahresablauf geht, stets fleißig dieselben Stücke üben, wir als Prediger hingegen können dasselbe Thema von Mal zu Mal anders ausleuchten und auf den Punkt bringen." So sagte er einmal zu mir, und so ist's! Auch bei dieser Darstellung. Joseph, der sonst nichts zu sagen hatte, von dem wenig in der Bibel geschildert ist, ihm wurde vom Theologen ein biblischer Text in den Mund gelegt, der seinen Handlungen entsprach.

Umrahmt von schönen Weihnachtsliedern hören wir den vertrauten Text des Weihnachts-Evangeliums. Da es sich um ein Neugeborenes handelt, ist es ein rührendes, gemütvolles Ereignis, in der sogar singende Engel vorkommen. Doch wie erbarmungslos die Eltern dieses

---

[7] Psalm 37,3
[8] Luk.1,46-48
[9] Matth.1,18 ff + Luk. 1,26
[10] Heimgerufen am 9. Sept. 2000

Kindes behandelt, ja um des Kindes willen verfolgt wurden, wird fast gar nicht, weder in die musikalische noch in die bildhafte Betrachtungsweise dieses Geschehens, mit einbezogen.

Übrigens, ich war auch einmal ein *Joseph* und hatte nichts zu sagen! Aber *handeln* durfte ich. Es war das erste Weihnachten *im Frieden*, 1945. Seit etwa sechs Wochen wieder daheim –, und doch nicht zu Hause. Bei Verwandten waren mein Vater und ich gemeinsam untergebracht. Die elterliche Wohnung war ausgebombt. Ich wurde wieder einmal ein Vertreter, allerdings kein Klinkenputzer. Vertretungsweise sollte ich den Gottesdienst an der Christus-Kirche in Groß-Flottbek übernehmen. Auch diesmal war der Organist erkrankt. Eine dreimanualige Orgel in einem gut spielbaren Zustand zu spielen, das war ein besonderes Erlebnis. Doch das innigste Erleben war, in die klaren und schönen Kinderaugen zu schauen, welche vom Knabenchor mich ansahen, der unter meiner Leitung die Ordinariumsstücke sang. Das waren mit die schönsten Adventssonntage, die ich als *Mitwirkender* erfahren konnte.

Zum Weihnachtsfest war der zuständige Organist wieder gesund. Er nahm seinen Dienst wieder auf. Ich aber sollte wiederum einen Vertretungsdienst übernehmen; denn *Joseph* war krank geworden. Die Krippenspiel-Leiterin, die Frau des Pastors, sagte zu mir: „Das können Sie ruhig übernehmen, da Sie ja nichts zu sagen haben! Nur lieb dreinschauen, das ist alles." Was

mir dann auch gut gelang. Während ich nämlich so bei der Krippe stand, die hübsche junge ‚Maria' betrachtete und mir die Puppe in der Krippe ansah, dachte ich an meine Mutter, die mit meinen Geschwistern evakuiert worden und in der Sowjetischen Besatzungszone untergekommen war. Meine 14 Jahre jüngere Schwester Ingrid und den 19 Jahre jüngeren Bruder Horst hatte ich seit der Ausbombung 1943 nicht mehr gesehen. So betrachtete ich das Schauspiel von meinem Stehplatz aus mit Wehmut und einer gewissen Portion väterlicher Gedanken. Und dieses mich damals überwältigende Gefühl verursachte wohl, dass es mir möglich war, ohne zu sprechen, *Joseph* mit einem so passenden Mienenspiel darzustellen, dass die Leiterin danach sagte: „Einen solch liebe- und hingebungsvollen Joseph habe ich noch nie gesehen."

Ja, siehste! So kann man bei einer *stillen Nachtwache,* einer Weihnachts-Vigil, erkennen, wie man *Mitwirkender* sein kann und darf.

*Der Kinder Herzen sind wie Wachs,
und ein Stück Wachs läßt sich um die Finger wickeln,
wenn es erwärmt wird.*

Peter Rossegger

DAS WEIHNACHTLICHE ZÜGELWORT

Es begab sich aber zu der Zeit als der Generalfeld-
marschall Paul von Beneckendorff und von Hindenburg
Reichspräsident Deutschlands, Max Brauer Stadthalter
von Altona und die Winter noch Winter waren, da hatten sich an einem Heiligabend die Glieder der Kirchengemeinde zu Altona andächtig im Gotteshaus vereint.
Sie lauschten dem stimmungsvollen Orgelspiel zur
Weihnachtszeit.

Draußen war es kalt, recht kalt und reichlich Schnee
lag in den Straßen. Es war so kalt, dass sich an den
Fensterscheiben phantastische Eisblumen bildeten.
Aber in der Kirche war es warm, gemütlich warm, hier
konnte man es gut aushalten. Die beiden hohen zylind-
rischen Eisenöfen verbreiteten eine angenehme Wärme.
Sie waren, einer zur Linken und einer zur Rechten, im
vorderen Drittel des Raumes an den Wänden aufgestellt.
Das war von meinem Großvater, dem Schlossermeister
"Hämmerlein", scharfsinnig durchdacht; denn in den
hinteren Bankreihen wollte keiner der Gottesdienstbesucher sitzen, da es in der Eingangszone kühl und zugig
war. Alle saßen gern weiter vorn. Natürlich der Wärme
wegen. Oder könnte es doch so sein, wie es sich jeder
Geistliche wünscht: *„Näher mein Gott zu dir!"*?

Ich musste auch vorn sitzen, ganz vorn, in der ersten
Bankreihe und das mit anderen Kindern zusammen.
Denn es sollte eine Kinderkatechese gehalten werden.
Diese Unterweisung wurde, wie gewöhnlich, von dem
Ältesten der Gemeinde, dem Priester Meier, durch-
geführt. Und nun ging es los! Wir, die Gemeinde, stan-
den auf; so sind wir es gewohnt, wenn ‚Diener Gottes'
aus der Sakristei kommen. Herr Meier war in Schwarz,

79

nicht in Weiß, wie sonst. Er hatte nur den Talar an und nicht die schönen weißen Gewänder zur Eucharistiefeier. Nach dem Weihnachtslied *„Es kam die gnadenvolle Nacht"*, das an dieser Stelle immer gesungen wurde, berichtete er sehr lebendig, wie es so war mit der Geburt unseres Heilandes. Besonders aber wies er darauf hin, warum das **so** sein musste. Das haben wir auch gut verstanden. Danach aber kam stets etwas, was mir so richtig auf den *Wecker* ging, die ewige *Fragerei*. Es wurde geprüft, ob wir alles verstanden hätten, und man wollte natürlich von uns die *richtigen* Antworten hören. Ob die immer *richtig* waren? Manches Mal lachten die Zuhörer, oder es ging ein Raunen durch die Kirche. Nun, ich mochte mich nicht so gern da vorn hinstellen und etwas sagen. Das lag mir nicht, und auswendig etwas aufsagen, o nein, das bloß nicht. Soll ich mich blamieren? Etwas auswendig lernen fiel mir schwer, es blieb im Kopf nicht haften. Aber Gertrud, die konnte es, das lief ihr nur so aus'm Mund, und alles richtig, o Mann, hab' ich die beneidet.

Doch wie alles ein Ende hat – auch dies ging zu Ende. Es begann die Pause vor der Christvesper. Alle Kinder setzten sich zu ihren Eltern. Ich aber, ich konnte endlich wieder meinen *angestammten* Platz einnehmen. Und der – ja der – der war oben auf der Chorempore – ganz oben. Von dort konnte ich alles überblicken, von *meinem* Platz. Hier konnt' ich Orgel spielen, ja richtig Orgel *spielen*. Die Kniebank war meine ‚Orgelbank', die Sitzfläche der Bank war das ‚Manual', und ich saß hier nun und spielte die Gottesdienste, so wie mein Onkel Heinrich, richtig mit Händen und Füßen. Es gab immer viel zu tun und die Zeit verlief sehr schnell; denn man kam ja eigentlich nicht zur Besinnung. Wenn auch die kürzeren Dienste nicht so anstrengend waren, so waren die Dienste der Heiligen Eucharistie doch weitaus strapaziöser; denn teilweise musste der Chor begleitet, die Gemeinde angeleitet und dem Zelebranten die richtigen Einsätze zur rechten Zeit gegeben werden. Au wei, da war was los! Als *Organist* musste man wahrhaft stets aufpassen, damit man den Einsatz nicht verpasste. Es war richtig *Arbeit*, doch schön zugleich.

Wiwi aber, mein Bruder Wilhelm, damals vier Jahre, saß bei meinem Vater. Der sang mit bei den Tenören. Alle Sänger hatten dunkle Anzüge an, und die Sängerinnen waren feierlich angezogen, so auch meine Mutter. Ich fand es schön und halte es auch heute noch für richtig und angemessen, die rechte Kleidung zu dem entsprechenden Anlass. Nun aber leuchtete zwischen der dunklen Kleidung der Sänger, wie mit einem schimmernden Glanz umgeben, der hübsche blonde Haarschopf meines Bruders hervor, mit *lockigem Haar*. Bei unserem Vater saß er also und er war entgegen seiner sonstigen Gepflogenheit aufmerksam und ruhig. Es gab ja so vieles zu betrachten; denn im Altarraum standen zwei hohe, überaus schön geschmückte Tannenbäume mit brennenden Kerzen. Das war ein interessanter und angenehmer Anblick. Die vielen flackernden Kerzen, die in den Bäumen untergebracht waren, konnten einen Jungen schon dazu anregen sich die Frage zu stellen: „Wie viele das wohl sind, und wie man die bloß auspustet –, und ob wohl eine davon den Baum anzünden kann? Was dann wohl alles passiert, wenn's brennt? Oh, Mann!“ Elektrische Kerzen gab es damals noch nicht, o nein.

Nun begann die Christvesper. Dann, nach den einleitenden ordentlichen liturgischen Teilen des Gottesdienstes, begab sich der Diakon Schmidtke zu dem Lektionspult. Übrigens, er unterrichtete uns im Kinder-Unterricht. Obwohl er von Berufs wegen ein Bauernknecht war, konnte er den Religionsunterricht sehr lebendig mit vielen Geschichten aus dem *wirklichen* Leben gestalten. Er machte uns Kinder auf die Schönheiten in der Natur aufmerksam, ging mit uns in die Parkanlagen und erklärte uns, warum und weshalb Strauch, Baum, Vogel und Tiere so sind, wie sie sind und von Gott geschaffen wurden. Wir Menschen aber von Gott, dem Schöpfer aller Dinge, Gebote erhalten haben, um Liebe zu allem Geschaffenen sowie Gehorsam gegenüber Gott und den Eltern zu üben. Es sei die von Gott gegebene Verheißung und die Aufgabe aller Menschen, als

Kinder Gottes zu Königen und Priestern der Ewigkeiten heranzuwachsen. Wir liebten ihn geradezu, seine Einfachheit fesselte uns. –

Jetzt aber verlas er aus dem Weihnachts-Evangelium die Ankündigung der Geburt Jesu, die der Engel Gabriel der Maria überbrachte, und in diesem Lukasevangelium gibt es die Textstelle wo es heißt: *„Maria aber sprach: 'Siehe ich bin des Herrn Magd; mir geschehe, wie du gesagt hast.' Und der Engel <u>schied</u> von ihr."*

Mit Andacht hörten alle die Worte dieser Botschaft, obwohl allesamt den Text kannten. Mein Bruder aber, der hörte nur ein einziges Wort und das war ihm wohlbekannt, weil er dieses Wort auch vielfach anwandte. Darum rief er – und alle hörten es: „Papa, ein Zügelwort!" Er stieß unseren Vater an, zeigte selbstgefällig auf den Diakon und erklärte triumphierend: ***„Schiet'*** *hett he segt!"*

Alle Chorglieder aber wussten, was ein *Zügelwort* ist, und sie hatten Mühe sich des Lachens zu enthalten; denn ein *Zügelwort* ist nicht ganz stubenrein. Mein Bruder *Wiwi* liebte kräftige Ausdrücke, wie sie in der plattdeutschen Sprache gebraucht werden. Von den Fischern und den Arbeitern, die am Hafen waren, hatte er die deftigen, auf Plattdeutsch gebräuchlichen Ausdrücke aufgeschnappt. Unsere *Mutti* aber sagte dann stets zu ihm, sobald er sich solcher Formulierungen bediente: „Wiwi, zügel' deine Worte!"

Unsere jüngere Schwester Ingrid aber, die nichts vom *Zügeln* verstand, rief jedes Mal, wenn Wiwi kräftige Ausdrücke aussprach: „Mami, Wiwi sagt schon wieder Zügelwörter!"

Und nun ein *Zügelwort* in der Kirche, und das von einem Diakon, das war Wasser auf der Mühle für unseren Wiwi!

Erwecktes Leben

Es weichet nicht der Winter
Aus unserm schönen Land,
er spielt den strengen Ritter
mit grausig kalter Hand.

Doch Winter du musst
weichen!
Der Frühling kommet
schon!
Dein' Kraft wird dir
nicht reichen
Der Tod, der ist dein
Lohn.

Was nützet dein Gebärden,
Du strenger Winter du.
Der Frühling wird's dich lehren,
Wo du bist bald im Nu.

Bald scheint die wärm'de Sonne,
Wenn Frühling Einzug hält,
Begrüßt sie ihn mit Wonne,
Den wunderstarken Held.

Dann weckt ein neues Leben
Der Frühling in uns auf
Und gibt ein neues Streben
In unsern Lebenslauf.

Die Geschichte hat noch nie etwas anderes gelehrt,
als dass die Menschen nichts aus ihr gelernt haben.

G.W.F. Hegel

EIN – BLICK

In Magdeburg, es ist der 17. September 1993, eilt eine Mutter mit ihrer kleinen Tochter an der Südseite der St. Nicolai-Kirche vorbei. Es stürmt. Als das Mädchen zurückbleibt, drängt die Mutter zur Eile und ruft: „Komm her! – sonst fährt die Bahn weg." Das Kind folgt ihrem Ruf, und als es an der Vorderfront der Kirche vorbeikommt, fallen etwa zehn Meter des Dachgesimses krachend zu Boden; an der Stelle, wo sich zuvor das Mädchen befand. Entsetzt schreit das Kind: „Mami, was is'n das für'n böses Haus?" „Lauf' schnell, komm!", ruft die Mutter, erfreut, dass ihrer Tochter nichts geschah. Sie nimmt sie in ihre Arme und meint: „Das Haus is' wohl 'n Museum, nun komm und lauf, der Sturm bläst die Pfannen runter!"

Das Bild zeigt den Haufen der Pfannen nach
der Sturmnacht an der St. Nicolai-Kirche

Nach dem Sturm des zweiten Weltkrieges mit seiner verheerenden Auswirkung auf die vielen Städte der beteiligten Länder waren auch die drei Hauptkirchen Lübecks, St. Marien, St. Petri und der Dom zerstört. Zwei Lübecker Pastoren und ein katholischer Priester erkannten: „Gott hat durch Menschen gewirkt und unsere Museumskirchen zerstört!". Diese Ermahnung mussten sie – wegen Volksverhetzung – mit ihrem Leben bezahlen. Dieses Zeugnis der drei Lübecker Geistlichen bewirkte aber ein Besinnen der Menschen nach den unbeschreiblichen Zerstörungen des Krieges.

Die heilsgeschichtliche Auslegung des Wortes Gottes in der Aufklärungzeit, die mit schöngeistigem und philosophischem Denken durchsetzt war, sollte von reformatorischer Glaubens- und Sittenlehre abgelöst werden. In der Zeit des Klassizismus (1770 -1830) wurde die Predigt in den Mittelpunkt des Gottesdienstes gesetzt und man entfernte sich von dem gemeinsamen Abendmahl mehr und mehr. Die gottesdienstliche Ordnung wurde stark verkürzt. Gleichfalls brachte die Bauweise dieser Zeit, mit ihrem Bestreben, die klaren Formen des klassischen Altertums nachzuahmen, zum Ausdruck: Man befand sich wie in einem Tempel der Antike. Hatte die Mutter in Magdeburg recht: Die Kirche ein Museum?
Der Kirchgänger ging damals hin, lauschte der Musik, hörte eine Predigt und ging mehr oder minder erbaut seiner Wege. Um aber die Gottesdienstbesucher als Glieder einer Gemeinde mehr in die Feier eines Gottesdienstes einzubeziehen als bisher, griff man in den ersten Nachkriegsjahren des zweiten Weltkrieges auf die von Martin Luther geordnete Deutsche Messe zurück. Und zur Belebung der ganzen Kirche gehörte die Wiederentdeckung: **Die Kirche <u>ist</u> der Leib Christi.** Der Ansatz war gut und richtig; denn in Gemeinden wurde es wieder lebendig. Der Aufbau und die Erneuerung begann, und zwar in allen Bereichen des täglichen Lebens.

Und wo stehen wir heute? Nicht nur die Kirche hat einen Dachschaden, obwohl gerade sie ins Gerede gekommen ist. In der Allgemeinheit lautet die Devise: Raus aus den Vereinen, den Parteien, den Gewerkschaften und aus der Kirche, und rein ins individuelle Vergnügen. Das Bewusstsein der Menschen hat sich mehr und mehr verändert. Es ist fashionable und chic geworden: „ ... so zu leben, als ob Gott nicht existieren würde". Das Jenseits und der Himmel haben sich scheinbar hier auf Erden schon erfüllt. Die sich anbietenden Möglichkeiten im stetigen Fortschritt und in den immer neuen Bedürfnissen der Menschen machen es möglich. Der Himmel ist unendlicher, aber auch schon beherrschbarer Weltenraum. Ihn als die letzte Heimat des Menschen anzusehen ist weit verfehlt. Da alle Pläne vom Menschen selbst bestimmt und ausgeführt werden und die Grenzsituationen, wie Krankheit, Schuld und Tod nicht zu beeinflussen sind, wird in dieser Welt Gott nicht gebraucht! Von diesen möchte man sich fernhalten. Darum wird selbst der Tote für weitere Behandlung der **Entsorgung** überlassen.

Obwohl es nicht ersichtlich wird, viele Menschen haben Angst. Angst um ihren Arbeitsplatz, vor langer Arbeitslosigkeit und der womöglich daraus resultierenden Wohnungsnot. Aber nicht nur darum. Die Notlagen der Menschen sind vielfältig.

Not–wendige Entscheidungen herbeizuführen überfordert die maßgeblichen Organe und Persönlichkeiten mehr oder weniger. Die gesamte Kirche eingeschlossen. Hatte man versucht das Sinnvakuum der Menschen nach dem "Dritten Reich" mit neuem Gedankengut auszufüllen, so ging man Ende der fünfziger Jahre innerhalb der protestantischen Kirche dazu über, eine Auslegung mit kritischer Bibelbetrachtung sowie die Entmythologisierung der Heiligen Schrift vorzunehmen. Es setzte eine schleichende Ausdünnung kirchlicher Autorität ein. Doch auch Elternhaus und Schule blieben nicht verschont. Selbstverwirklichung wurde der Ausgangspunkt aller Handlungen, darum ist *Dienen*, einst ein ehrenwertes Wort, der Abwertung verfallen. Durchsetzungsvermögen steht hoch im Kurs. Dabei haben gerade viele der heranwachsenden jungen Menschen Ängste, was besonders deutlich wird bei den Kindern, die ohne Vater aufwachsen. Sobald eine Figur fehlt, die in Kultur und in die Welt einführt, führt das für die Betroffenen zur Selbstunsicherheit. Und die Leerstellen ihrer Seele füllen sie mit Klischees der Medien oder anderer Organisationen aus. Dann bilden Kampfspiele, Demonstrationen aller Art und Gewalttätigkeiten einen gewissen Ersatz.

Im dritten und vierten Lebensjahrzehnt folgt oft die viel gefürchtete und problematische Midlife-Crisis in allen Berufs- und Standesschichten. „Was für mich bis dahin normal gewesen ist, existierte auf einmal nicht mehr", ist die Aussage Betroffener. Die Gegenwart erscheint wie eine große Leere, die Zukunft konturenlos und unabsehbar: Das Warum, Wozu, Weshalb des Lebens wird nicht beantwortet. Eine Sinnkrise, die wie aus heiterem Himmel fällt, bedroht die Menschen. Niemals zuvor dauerte die Jugendlichkeitsphase so lange wie heute. Der lose Zusammenhalt in der jeweiligen sportiven Szene mit Fitness, Körpererfahrung, Erlebnis, Spannung und Risiko muss unbedingt ausgekostet werden, und mit "Thrilling", einer Mischung aus Nervenkitzel und Angst-Lust, will man der Isolation und Langeweile entfliehen.

Wenig Beachtung aber findet die millionenfache Einsamkeit, die uns aufschrecken sollte. Es sind nicht nur die Siechen und Zukurzgekommenen, die ihr Dasein allein fristen. Aus dem Trend der Selbstverwirklichung, Unabhängigkeit, Gleichberechtigung der Geschlechter und der freien Liebe entwickelte sich das Lebensmuster der Yuppie-Single-Gemeinde und daraus entstand Frust. Frust, der sich ausbreitet, da geeignete Partner schwer zu finden sind. Man fühlt sich einsam und hat Angst, Angst vor der Bindung an einen Lebenspartner, eventuell gelegentlich mit einem ‚Lebensabschnitts-Partner'. Falsch verstandene Selbstverwirklichung hat nicht nur voneinander isoliert, sondern auch zur Abkehr von sozialem und politischem Handeln geführt. Selbst Hirnforscher bestätigen dieses Verhalten; denn seit 1985 reagieren die Probanden der Hirnerforschung auf Farben und Probevorlagen anders als je zuvor. Und das weltweit. Zu erkennen ist daraus: Die jahrhundertelangen Erfahrungswerte und die Verhaltensweise der vorigen Generationen sind wie auf den Kopf gestellt. Die Gestaltung des zukünftigen Lebenslaufs wird nicht als Chance, sondern wie eine Belastung empfunden. Das Tonnengewicht aus Entscheidungszwang und Versagensangst drückt schwer auf die bis dahin unbeschwert lebende und im Jugend-Reifungsprozess verbleibende Generation. Um aber in dieser Welt zu sein, gehören Freiheit und Geistigkeit zusammen. Der Mensch ist ein Leib-Seele-Geist-Wesen. Das Mensch-Sein setzt jedoch voraus, dass das In-dieser-Welt-Sein ernst genommen und nicht an dessen Stelle das In-der-Gesellschaft-Sein gesetzt wird. Freiheit ist nicht grenzenlos und hat nichts mit Schrankenlosigkeit zu tun. Sie benötigt einen HERRN, der mit ihr umzugehen versteht. Wo aber kann hier die Kirche ansetzen? Oder ist und bleibt sie ein Museum?

DER ZWEITAUSENDJÄHRIGE SENDUNGSAUFTRAG DER KIRCHE

Ihr Platz ist nicht im Wirbel der Zeiten! Sie hat eine einzigartige Qualität, nämlich die ihrer geistigen Kompetenz. Und diese reicht weit über den weltlich begrenzten Machtbereich hinaus. Doch sie sollte sich wieder besinnen auf diese ihre Qualität. Sich lösen von solchen Bindungen der karitativen und sozialen Aufgaben, die besser von anderen Organisationen, wie Vereinen, übernommen werden könnten, um dann frei zu sein für die Arbeit innerhalb der einzelnen Gemeinden und ihren Gliedern. Darüber hinaus mit der Verkündigung der Botschaft Christi, den Menschen hinzuführen zu sich selbst und aufzuzeigen was es bedeutet Mensch zu sein nach Leib, Seele und Geist. Dieses ist das wertvollste Gut, welches ein Mensch bewahren sollte; „Denn was du ererbt von deinen Vätern, erwirb es, um es zu besitzen", sagt im übertragenen Sinne uns schon Herr Goethe.

Die gesamte christliche Kirche soll und muss ihre Aufgabe darin sehen:

1. Im Bemühen um den einzelnen Menschen mit christlichem Einsatz der Seelsorge und dienender Diakonie.

2. Im Umdenken in sich selbst. Nicht Institution, nicht Verein mit sogenannten *Mitgliedern*, sondern der Leib Christi als ein Organ mit *Gliedern*.

3. Wieder den Mut aufzubringen, den unmodernen Gott zu verkündigen.

4. In der ganz und gar unmoderne Haltung: Die Ehrfurcht vor Gott muss wieder Raum gewinnen. Und schließlich

5. In der Kraft des Heiligen Geistes, um Christi willen, mit dem prophetischen Wächteramt Öffentlichkeitsarbeit auszuführen.

Die Kirche hat aber nur dann den Menschen etwas zu sagen, wenn sie ihr Dach wieder in Ordnung bringt und nicht auf Ausgleich der Meinungen oder irgendwelcher Gegebenheiten bedacht ist. „Wir leben in einem Augenblick weltgeschichtlicher Unentschiedenheit. Mehrere Zeitalter scheinen sich zu berühren und zu überschneiden: Vergangenes ist noch nicht überwunden, und Neues zeichnet sich noch nicht positiv ab. Alle Lebensbereiche, auch alle Völker sind in einem umfassenden Umwandlungsprozeß einbezogen. Die Welt ist mündig geworden." So sagte es Dietrich Bonhoeffer schon vor fünfzig Jahren. Diesen Tatbestand gilt es unbeschönigt zur Kenntnis zu nehmen.

Aber welche Antwort kann gegeben werden?

Zu bewerten ist, dass sich unfreie Rückwärtsgewandtheit und radikale Fortschrittlichkeit, traditionalistische und traditionsfeindliche Haltung gegenüber stehen. Der Gottesglaube aber ist frei und unabhängig. Er gibt Nüchternheit und Maß. Er rückt die Wirklichkeiten in das ihnen zustehende Licht. Er über- und unterschätzt nicht; denn die Welt kann ohne ihn nicht existieren, da an ihm sich Heil und Unheil entscheiden.

Gott selbst hat dem Menschen den offenen Raum der Freiheit überlassen. ER will keine Sklaven. Für SEIN Reich benötigt Gott Freie. Die freie Entscheidung des Menschen, die einzig und allein bei dem Menschen selbst liegt, bewirkt und erfüllt Freiheit. Freiheit, die aus Weltoffenheit und der Einheit im Geiste mit Gott erwächst; „ ...denn wo der Geist des HERRN ist, da ist Freiheit", so sagt es uns die Bibel.

DAS NEUE ZEITALTER

„Die Würde des Menschen ist unantastbar", so ist es im Grundgesetz der Bundesrepublik Deutschland verankert. Forschung und Würde des Menschen müssen vereinbar sein und bleiben. Seit Jahrzehnten ist in vielfacher Art eine massenhafte Veränderung eingetreten. Darum möchte ich einmal versuchen, das Interesse für Gesichtspunkte zu wecken, die im neuen Zeitalter sich festigen werden.

Zu Anfang die Frage: „Wie entstand die Gentechnik und wie zeichnet sich die weitere Entwicklung ab?" Zusätzlich die Fragestellung: „Können und dürfen Menschen in die gegebene und vorhandene Schöpfung eingreifen?"

DIE REGSAMKEIT DER BIOLOGEN

„Der achte Schöpfungstag fiel auf einen Mittwoch. Es war der 18. Juli 1973", so beginnt der Verfasser des Buches *'Der achte Schöpfungstag'* seine Erklärungen zur Gentechnik. Durch Menschen wurde er offenbar. Die Wissenschaftler Stanley Cohen, Herbert Boyer, Anny Chang und Robert Helling veröffentlichten in Amerika die Ergebnisse des weltweit ersten gentechnischen Versuchs. Sie hatten ein *neuartiges Lebewesen* erschaffen. Die *Erbanlagen* zweier unterschiedlicher Bakterien hatten sie zusammengefügt. Kurze Zeit später konnten sie das Erbgut eines Frosches in das Erbgut winziger Mikroben übertragen. Organismen aus der Retorte, deren Entstehung in der Natur nicht vorgesehen war.

„... Wissenschaftler können die Welt stärker verändern als Cäsar oder irgendein Feldherr und sitzen dabei ganz ruhig in irgend einer Ecke", so äußerte sich der Medizin-Nobelpreisträger Max Delbrück.

Einer der ersten Meilensteine für ein neues Zeitalter wurde durch die Biologen James Watson und Francis Crick im Jahre 1953 gesetzt. Ihnen gelang es die Struktur des genetischen Materials als Doppelhelix zu entschlüsseln. Seit 1972 ist durch Transformationsexperimente von S.. Cohen und Partnern eine stürmische Entwicklung vor sich gegangen; dabei handelt es sich um das Einführen der Desoxyribonukleinsäure in eine fremde Zelle. Eine neue Arbeitsmethode hat in kurzer Zeit die Grundlagenforschung in Biologie, Chemie und Medizin nachhaltig beeinflusst. Sie bringt neue Ideen und Methoden in die Vielfalt biologischer und chemischer Verfahren ein. Dieses Verfahren ermöglicht es, biologische Programme mit chemischen Methoden zu verändern und Lebewesen gezielt umzuprogrammieren. Der Mensch ist nun fähig die Erbanlagen von Lebewesen miteinander zu verbinden, die sich in der Natur nicht verbinden können. Es ist möglich geworden, die Gene von Mikroorganismen, Pflanzen, Tieren und Menschen artübergreifend zu kombinieren. Bei natürlicher Vererbung

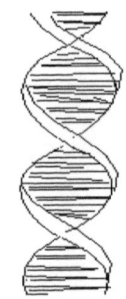

Doppel-
Helix

wird stets eine zufällige Kombination von Erbinformationen eines Organismus weitergegeben. Im Labor ist nun die Auswahl von "guten" und "bösen" Genen durchführbar geworden. Dementsprechend ist gezielte Übertragung isolierter Erbanlagen nur durch Gentechnik machbar. Handwerkliches *Können im Labor* hat Vorrang und unterliegt dabei bestimmten Gesetzmäßigkeiten. Demgemäss ist Gentechnik keine Wissenschaft im üblichen Sinne.

In diesem Zusammenhang sind viele Aufgeregtheiten entstanden und Ängste aufgekommen. Besonders die Möglichkeiten zur Anwendung auf den Menschen erfahren eine gewisse Ablehnung. In Deutschland hat sich eine unvermeidliche Feindschaft gegen die Genforschung verbreitet, da entsprechende naturwissenschaftliche und politische Informationen nicht ausreichend gegeben wurden. Um die vielfältigen Anwendungsgebiete der Gentechnik zu überblicken und das Ausmaß der Gefahren dieser Technologie zu bewerten, hilft nur sachgerechte Information. Ansonsten entstehen vielfach Horrorvisionen, wie zum Beispiel gezüchtete Menschenmaschinen oder das schon erfolgte und erfolgreiche Klonen von Lebewesen, das schon keine Vision mehr ist.

Wie aber kann ein Laie verstehen, was Wissenschaftler nur in seltenen Fällen allgemeinverständlich erklären können? „Wozu ich 20 Jahre benötigt habe, um es zu verstehen, kann ich es Ihnen beim besten Willen nicht in fünf Minuten erklären", beantwortet ein führender Genetik-Professor diese Frage.

Gehen wir einmal einige Jahrzehnte zurück. Da wurden die Menschen belächelt, die sich mit Biologie beschäftigten, weil sie mit Botanisiertrommeln und Schmetterlingsnetzen unterwegs waren, um Pflanzen und Kleintiere zu sammeln und zu bestimmen. Heute produzieren die Biowissenschaften Spitzentechnologien. Der amerikanische Molekularbiologe Craig Venter zum Beispiel sammelte mit seinen Sequentier-Robotern, Geräten, in dem aufeinanderfolgende Daten menschlicher Gene Tag und Nacht gespeichert werden, so wie Kinder ihre Briefmarken sammeln, um mit den Sequenzdaten die Geheimschrift des Lebens zu erforschen, was nach den neuesten Nachrichten schon weitgehend abgeschlossen sein soll.

Eine neue Ära beginnt –, und es vollzieht sich gegenwärtig ein mitreißender und einzigartiger Wandel. Innerhalb der Naturwissenschaften hat sich in kurzer Zeit, besonders in der Biologie, ein Herrschaftswissen angehäuft, das selbst in diesem Wissenschaftsbereich nur wenigen Bevorrechtigten zugänglich ist. Dadurch entsteht Unsicherheit! Die Gentechnik wirft Fragen auf, die jeden betreffen. Sie stellen sich im Hinblick auf die moralisch-sittliche, gesellschaftliche und naturbewußte

Konsequenz. Während es angeblich nur darum geht, die Gesetze der Natur zu beobachten und ihr die Geheimnisse abzulauschen, geschieht im wesentlichen viel mehr: Sie entwerfen Natur! In den vorausgehenden Zeitabschnitten wurde ergründet und aufgezeichnet. Heute aber werden die Verfahren und Produkte der Biowissenschaften am Computer entworfen. Ein neuer Wissenschaftlertyp hat sich herausgebildet: Es ist der **Methodiker**. Nicht Kenntnisse von Gegenstandsbereichen zeichnen ihn aus; nein, die <u>Beherrschung von Verfahren</u> unterscheiden ihn.

Wie wird dies durchgeführt?
Der Vorgang ist wie mit einem Zweifach-Kassettenrecorder, mit dem Text oder Musik aufgenommen, kopiert und auch gelöscht werden kann. Eine originalbespielte Kassette kommt in Deck 1. Nach vorheriger Ordnung der gewünschten selbst-erdachten Reihenfolge der Melodien oder eines Textes, erhält man nach geschickter Manipulation auf der unbespielten Kassette in Deck 2 eine Neuschöpfung. Bei der Gentechnik ist es ähnlich: Die bespielte Kassette entspricht der DNS[11] (Desoxyribonukleinsäure) im Zellkern, das Abspielgerät (Deck 1) stellt das Cytoplasma der Zelle dar –, das Cytoplasma ist der Zellsaft einer Zelle, in dem die Stoffwechselreaktionen ablaufen. Die zweite, unbespielte Kassette, ein sogenannter *Vektor*, ist aufnahmebereit für das Neue und als Transportmittel anzusehen. Ihm wird der herausgenommene Teil der DNA mit dem gesuchten Erbgut (Genom), dem *Passagier,* eingesetzt. Der Vektor mit seinem Passagier muss

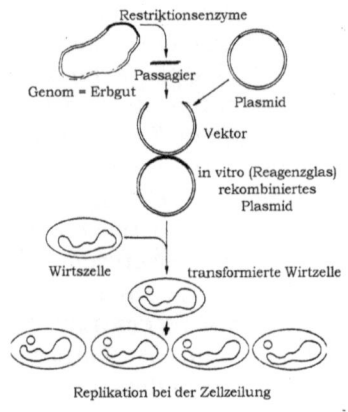

Skizze von Prof. Dr. Winacker

---

[11] Deutsche Abkürzung DNA

die Zellwand und die Membrane der Wirtszelle, in die man hinein will, unversehrt durchdringen und sich dort dann als selbstständiges genetisches Element verhalten. Dieses *Replikon* muss die Fähigkeit besitzen sich gleichartig zu vermehren. Mit ringförmigen Molekülen, *Plasmiden,* wie die Skizze zeigt, wird manipuliert. Zum „Schneiden" der DNA benutzt man eine chemische Schere: *Enzyme,* welche als *Katalysatoren* stoffliche Umsetzungen in der Zelle beschleunigen. An einer bestimmten Stelle des *Genoms* schneidet man, und an gewünschter Stelle wird der Vektor mit dem Passagier angesetzt. Bedingt durch diese Technik setzte im letzten Jahrzehnt ein gewaltiger Aufschwung in der Humangenetik ein:

➤ Erleichterung einer vorgeburtlichen Diagnose,
➤ Möglichkeit, bei Arbeitnehmern eine einwandfreie Erbgut-Diagnose zu erstellen, ob gesundheitliche Anfälligkeit vorliegt,
➤ Verbesserung der Diagnosenstellung bei Brustkrebs,
➤ Überführung von Straftätern anhand charakteristischer Erbanlagen in Spermien, Haaren, Speichel und ähnlichem,
➤ Genchirurgie: Eingriffe in Keimbahnen, um genetische Fehler in Körperzellen von Patienten zu beheben.

Am 28. März 1994 konnte in der Rudolf-Virchow-Klinik, Berlin, am 22. April 1994 an der Uniklinik Freiberg je einem Krebspatienten gentechnisch aufgerüstete Zellen verabreicht werden, um das Immunsystem der Patienten zu unterstützen. Das bedeutet: Die Menschheit hat eine Technik entwickelt, um lebender Materie Gestalten und Formen zu verleihen. Ausdrücklich muss darauf hingewiesen werden: Jeder genetische Eingriff in einen Organismus, sei es bei Bakterien, Pflanzen, Tieren und Menschen, ist eine bewusste Veränderung von genetischen Merkmalen, die entweder entfernt oder übertragen werden. Ein Wissenschaftler der Gene manipuliert, trifft eine Entscheidung: Sind es **geeignete** oder **minderwertige** Erbanlagen. Noch mehr, er betreibt sogar das Geschäft der Eugenik: Förderung oder Ausmerzung von Erscheinungsformen des Lebens. Jedoch, die neue Eugenik[12] ist dem Handel verpflichtet, nicht dem Allgemeinwohl.

Die Frage stellt sich: Wie werden die Verantwortlichen damit umgehen? Die Nachrichten besagen, dass in unserem Lande die Politiker mit angemessener Zeit und sachkundiger Diskussion von Berufenen diese Problematik angehen wollen. Professor Walther CH. Zimmerli sagte schon vor einigen Jahren: „Die Wissenschaft ist ursprünglich angetreten, für die Menschen Nützliches zu schaffen. Ob dieses Wissen allerdings nur Nutzen bringt, muss die Wissenschaft von Fall zu Fall selbst überprüfen. Denn dieses neu von Menschen eingeleitete biologische Zeitalter unterscheidet sich gegenüber den vorigen dadurch, dass jedes naturwissenschaftlich-technische Experiment gleichzeitig ein soziales wird", und meint damit[13]: „Ein wissenschaftliches Experiment, wie zum Beispiel Freilandversuch in der Genetik oder Tierversuche, erregt den Widerstand der Bevölkerung, die sich durch Drohungen oder Zerstörungen versucht, Gehör zu verschaffen. Wissenschaftliche Versuche führen zu einem sozialen Experiment, und die Wissenschaftler müssen sich über den Sinn ihrer Forschungen mehr Gedanken machen, oder ‚Ethik wird zum Bestandteil der Forschung selbst".

Der Konflikt zwischen wissenschaftlichem Fortschritt und moralischer Entwicklung aber ist: Die sittlichen Möglichkeiten des modernen Menschen sind den von ihm selbst entfesselten technischen Kräften nicht gewachsen. Die Einheit des Menschen zerbricht; denn die Spannung zwischen Naturwissenschaft und Geisteswissenschaft, zwischen der religiös-sittlichen und der physikalisch- und biologisch-technischen Welt, hat die

---

[12] Lehre vom Erbgut und seiner Pflege.

[13] Aufgrund meiner Anfrage erhielt ich von der Redaktion des Magazins FOCUS diese Antwort.

Einheit des Menschen und die dazugehörige harmonische Spannkraft zwischen Intellekt und sittlichem Willen überfordert. So meine ich nach meinen Einsichten und Erfahrungen, die sich in acht Lebensjahrzehnten entfaltet haben. Diese Auslegung ist mein persönlicher Standpunkt; denn: „Die Menschheit ist klug, sehr klug. Aber sie ist auch schlecht, sehr schlecht, und zwar ist sie noch schlechter, als sie klug ist, ... ihre Bosheit ist größer als ihre Intelligenz." ," so schreibt der Theologe Erich Sauer in seinem Buch 'König der Erde', und sagt weiter:

> „Mit ihrer technischen Entwicklung hat ihre moralische nicht Schritt gehalten. Bei allem Fortschritt des Wissens ist das Gewissen nicht besser geworden. Darum vermehrt die wachsende Erkenntnis die allgemeine Not der Menschheit. Und das Ende des Menschen, der, ohne Gott, in Gottes Schöpfungsgeheimnisse eindringt, ist Verzweiflung und Untergang."

DIE ENTWICKLUNG DER MENSCHHEIT.

Der Mensch, einst Fackelträger der Schöpfung mit göttlichem Auftrag: „ ... seid fruchtbar und mehret euch und füllet die Erde und machet sie euch untertan und herrschet ...", was nichts anderes bedeutet als *ein ordnungsschaffendes Gefüge auf Erden zu gestalten und zu erhalten,* ist in seiner Entwicklung bis in die Gegenwart zu einem Rätsel geworden: Ein Abgrund tut sich auf! Die Menschheit ist tief gefallen. Nur Unwissende, Oberflächliche und Denkschwache und die, welche aus Trägheit und um des augenblicklichen Vorteils willen nichts wissen wollen, können – auch ohne Gottes-Glauben – mit froher Zuversicht in die Zukunft schauen.

Der Glaube an die Persönlichkeit und Menschlichkeit des Menschen ist in den Erschütterungen der letzten vergangenen Jahrzehnte zu Boden gefallen und zerbrochen. Durch die Gräuel, die der Mensch dem Menschen angetan hat, und noch tut, ist das Menschenantlitz geschändet und entstellt worden. In den letzten beiden Weltkriegen waren allein über 60 Millionen Tote zu beklagen. Und seit 1945 bis heute ist diese Zahl, bedingt durch sogenannte "Auseinandersetzungen", bei weitem überschritten worden.

Vieles, auch innerhalb der technischen Entwicklung, konnte sich zum Nutzen des Menschen entfalten. Doch immer ist, was an Neuem geschaffen wurde, von Machthabern, Militärs und Waffenhändlern zum eigenen Nutzen und zur "Verteidigung" in Waffen umgewandelt worden: Atomenergie in die Atombombe, Kraftfahrzeuge in Panzerkampfwagen, Chemie, die für die Bereiche Pharmazie und Landwirtschaft nutzbar gemacht war und ist, wurde und wird zur Vergasung von Menschen und Tieren angewandt. Aus Flugzeugen wurden Bomber, und selbst aus Rundfunk und Fernsehen ist ein Mittel der Volksverhetzung und Irreführung geworden. Die Schriftstellerin Ilse Tönnies bringt es auf den Punkt:

„Wenn die Zeiten schneller wechseln, als die Menschen wachsen können, begraben sie Moral und Geist unter sich."

DAS ERSEHNTE ZIEL DER MENSCHHEIT.

Bei der Betrachtung der Weltgeschichte zeigt sich eine Darstellungsweise des Schreckens: Von den primitiven bis zu den höchststehenden Kulturvölkern aller Jahrtausende ist es ein Bericht von Blut und Eisen, von Gewalttat und Unterdrückung. Wievielerlei Lug und Trug, Selbstsucht und Unmoral millionen- und milliardenfach bei allen Völkern aller Zeiten und Kontinente! Wievielerlei religiöse Verirrung! Wievielerlei Fehlentwicklung in Philosophie und Weltanschauung! Wievielerlei Gedankenlosigkeit und Stumpfheit der breiten

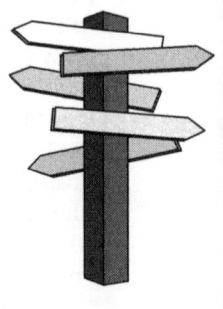

QUO VADIS?

Massen! Und doch: Ein Suchen und Fragen geht durch unsere Zeit! Eine gewisse Unzufriedenheit ist aufgekommen, die hervorgerufen wurde von den haltlosen Ideen einer kalten und überlebten materialistischen Weltanschauung. Sei es Kommunismus, Faschismus und auch Sozialismus.

Es gilt den Sinn des Lebens zu ergründen, darum: Auf ins sportive Erleben, auf ins Gestalten der Freizeit und in das Streben nach Unsterblichkeit. Nicht im jenseitigen, sondern in diesem Leben, und das erreichbar durch Willenskraft. Es gilt den "Sinn" des Lebens auf irdischer Grundlage zu erfassen. Das Streben mit menschlicher Kraft nach E r f o l g . Und der Erfolg der Gentechnik? Ist sie vom Menschen allein zu meistern? Das Problem der Gentechnik ist, dass sie wohl einen Anfang, aber kein Ende hat: *"Der achte Tag der Schöpfung ist noch lange nicht zu Ende",* stellt der Buchautor Prof. Dr. Ernst-Ludwig Winacker fest.

DAS ANGEBOT DES SCHÖPFERS

Der Mensch, besonders der heutige Mensch, der "Moderne", ist vor ein Buch gestellt, vor das Buch der Bücher, nämlich der Heiligen Schrift, um Einsicht zu bekommen über:

- ➢ die Fehlentwicklung der Menschheit,
- ➢ die eigenen Fehler,
- ➢ bewusstes Mensch-Sein,
- ➢ den ewigen Heilsplan Gottes mit der Menschheit,
- ➢ die Liebe Gottes zu den Menschen und
- ➢ Seinem Ziel: Der Auferstehung aller Toten und dem ewigen Leben in der zukünftigen Welt mit der Zusage:

„ICH SAH EINEN NEUEN HIMMEL UND EINE NEUE ERDE; DENN DER ERSTE HIMMEL UND DIE ERSTE ERDE SIND VERSCHWUNDEN,... JETZT WOHNT GOTT UNTER DEN MENSCHEN! ER WIRD BEI IH-NEN BLEIBEN, UND SIE WERDEN SEIN VOLK SEIN; UND ER, ER WIRD ALLE TRÄNEN VON IHNEN AB-WISCHEN: DER TOD WIRD NICHT MEHR SEIN, KEINE TRAUER, KEINE KLAGE, KEINE TRÜBSAL; WAS EINMAL WAR, IST FÜR IMMER VORBEI."
(OFFB.21,1- 4.)

Und die Erkenntnis daraus wäre, wie es der Theologe Erich Sauer sagt:

> „Der Glaube an Gottes Wort braucht sich vor ernstem Denken in keiner Weise zu fürchten. Es wäre zwecklos, um der Naturwissenschaft willen den Glauben abzulehnen oder um des Glaubens willen das Denken preiszugeben. So ist die Bibel die einzige Urkunde von bleibendem Wert für die Menschen aller Generationen und Völker!"

Angewandte Literatur als Arbeitsgrundlage:
1. "Der achte Schöpfungstag" Ernst-Ludwig Winacker, Verlag Kiepenheuer & Witsch, 1989
2. "Alles ist machbar" Einführung in die Gen-Technologie, Volker Lange, Freizeit-Verlag, 1984
3. Magazine: FOCUS Nr. 24/94, S. 132; Nr. 20/94, S. 38
   DER SPIEGEL Nr. 19/94, S. 222 - 227
4. "Der König der Erde" Erich Sauer, Brockhaus Verlag

Die Musik allein die Tränen abwischet
Die Herzen erfrischet —
Wenn sonst nichts hilflich will sein.
Spruch an einer alten Hausorgel

KÖNIGIN DER INSTRUMENTE

In den Bauwerken christlicher Kirchenabteilungen und in größeren Konzert- Fest- und Versammlungssälen ist ein Instrument aufgestellt, das vom Erscheinungsbild her entweder bescheiden in einem Holzkasten[14] eingebaut ist

oder mit imponierender und monumentaler Größe sich zeigt: Es ist die **Orgel**. Dieses Instrument ist für viele geheimnisvoll und fremd. Aber Ehrfurcht, ja Bewunderung erfüllen den Hörer, sobald zarte und andachtsvolle, aber auch starke, gewaltig rauschende Klänge zu hören sind.

„Ja dieses vielstimmige Werck begreifft alles das in sich / was etwa in der Music erdacht und componiret werden kan / und gibt so einen rechten natürlichen Klang laut und thon von sich / nicht anders als ein gantzer Chor voller Musicanten, so mancherley Melodeyen / von junger Knaben und grosser Männer Stimmen gehöret werden. In Summa die Orgel hat und begreifft alle andere Instrumenta musica, groß und klein / wie die Nahmen haben / alle in sich."

---

[14] Orgelpositiv mit vier Registern, Nordwestdeutschland um 1600

So schrieb 1619 der Organist und Komponist Michael Prätorius[15] über die Orgel.

Anhand der in der St. Marien-Kirche zu Lübeck eingebauter Buxtehude-Orgel soll hier dargestellt werden, welche Ausmaße diese Instrumente haben können. Dieses in den Jahren von 1962 bis 1968 von der Lübecker Orgelbaufirma Kemper & Sohn hergestelltes Instrument ist, wie alle neuzeitlichen Orgeln, funktionalistisch angelegt. Es wird auf sämtlichen schmückenden Zierrat ebenso auf Inschriften verzichtet. Der Aufbau der Buxtehude-Or-

gel präsentiert es deutlich: Beiderseits stehen die Pedaltürme, unten das Rückpositiv, Brustwerk im Schweller; dann Hauptwerk, das Oberwerk ist im Schwellgehäuse und darüber ist das Kronwerk angeordnet.

Sowohl bei kleineren als auch bei größeren Orgelwerken wird wahrnehmbar: Erst wenn die Meisterschaft des Erbauers und die des Organisten zusammentreffen und außerdem die Orgel regelmäßig sachgerecht gepflegt wird, dann erst erhält der Zuhörer das bestmögliche und für ihn zufriedenstellende Klangbild dieses königlichen Instrumentes.

---

[15] Geb. 1571 in Creutzburg/Werra, Thür., gest. 1621 in Wolfenbüttel

Ob es sich nun um eine große oder kleine Orgel handelt, alle beziehen sich auf die Erfindung der Wasserorgel, der Hydraulis, von dem Griechen Ktesibios (um 245 v. Chr.). Heron von Alexandrien hat diese Bauart später verbessert und ‚Organum hydraulicum' genannt. Es ist ein Instrument, welches mit Wasser funktioniert! Genial und einfach zugleich ist die Konstruktion, um den für die Pfeifen erforderlichen Luftdruck zu erzeugen. In einen geschlossenen und mit Wasser halb gefüllten Behälter wird Luft durch das Wasser gepumpt, damit

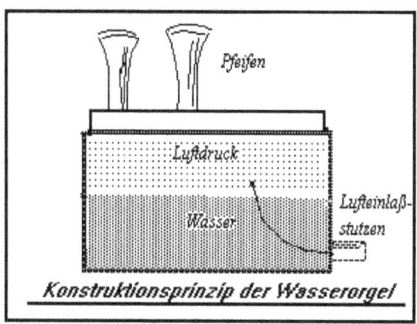

sich oberhalb des Wasserspiegels ein gewisser Luftdruck aufbauen kann. Der Genialität ihres Erfinders und der Meisterschaft späterer Generationen ist es zu verdanken, dass sich dieses Instrument in seiner Vielfalt über Jahrhunderte hinweg weiter entwickelt hat. Das Grundprinzip der Luftdruckerzeugung ist, vom Wasserbehälter aus-gehend, bis hin zu verschiedenartigen Blasebalg-Konstruktionen verbessert worden und bis man mit den verschiedenartigsten Pfeifen jeden gewünschten Ton erzielen konnte.

Das nebenstehende Bild zeigt die Konstruktion einer Blasebalgkombination, wie sie bei größeren Instrumenten in den früheren Jahren gebräuchlich gewesen ist. Die Bedienung der Bälge, wie hier dargestellt, geschah durch Kalkanten.

Um verschiedene Klangfarben, wie Flöten-, Hörner-
oder Streicherklang nachzuahmen, werden vor allem
zwei Arten von Pfeifen hergestellt und eingesetzt:
1. Lippen- bzw. Labialpfeifen
   (lat. labium = Lippe)
2. Zungen- bzw. Lingualpfeifen
   (lat. lingual = Zunge).

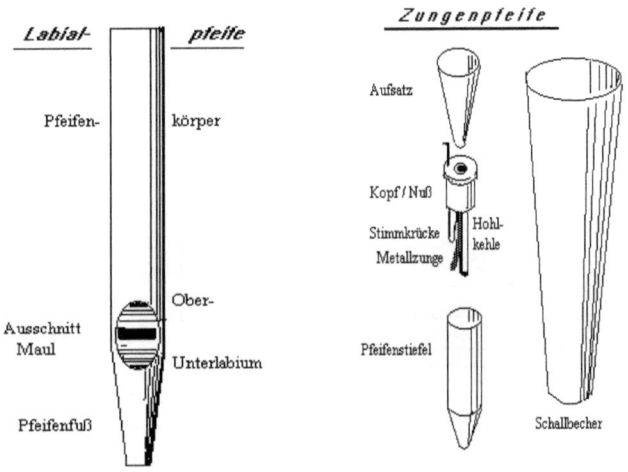

Durch das Schwingen einer Luftsäule innerhalb des
Hohlkörpers der Labialpfeife wird der Ton erzeugt; bei
den Zungenpfeifen ist das klangerzeugende Element das
durch den Spielwind erregte Vibrieren einer Metallzunge. Den Hauptanteil der Orgelpfeifen bilden die Labialpfeifen, wie sie in der Vorderansicht einer Orgel, dem
Prospekt, zu sehen sind. Der Aufbau einer Orgelpfeife ist
wie folgt: Der längere Teil ist der *Pfeifenkörper*, dann
folgt tiefer im abgeflachten Teil der *Ausschnitt*, auch
Maul genannt, mit den *Ober- und Unterlippen*, dem *Labium*, und schließlich der sich konisch nach unten ver-
engende Teil, der *Pfeifenfuß*. Innerhalb der Pfeife, auf
der Höhe des Unterlabiums, ist eine Trenndecke zwischen Fuß und Körper eingelegt, der *Kern*. (Wie in der
folgenden Aufrisszeichnung mit ‚D' mit 'B' dargestellt.)

Dieser schließt den Fußteil vom Pfeifenkörper luftdicht ab. Nur zwischen dem Unterlabium und dem Kern ist eine Längsspalte belassen, die 'Kernspalte'. Strömt Spielwind in den Pfeifenfuß, der dann durch die Kernspalte gepresst wird, entsteht ein sogenanntes Luftblatt. Dieses trifft auf das Oberlabium und wird wie mit einem Messer in zwei Teile zerschnitten, wie mit der unteren Skizze angezeigt. Der nach außen wehende Teil hat keine Bedeutung, allein der in den Pfeifenkörper gepresste Abschnitt bewirkt Schwingungen in der Luftsäule mit feststehenden Wellenknotenpunkten, wodurch ein Klang entsteht. In der Tat, jeder hörbare Ton besteht aus etlichen Teiltönen mit gemischten Frequenzen und ist ein Klang. Der tiefste und am deutlichsten hörbare Ton ist der *Grundton*. Die höheren, weniger wahrnehmbaren Töne, *Obertöne,* auch *Partialtöne* genannt, bilden zusammen mit dem Grundton einen *Klang*. Durch Veränderung der hörbaren Partialtöne werden unterschiedliche Klänge, sogenannte Klangfarben, wie Flöten- und auch Streicherklänge, hervorgerufen. Dieses wird durch verschiedenartige Formen des Pfeifenkörpers erreicht.

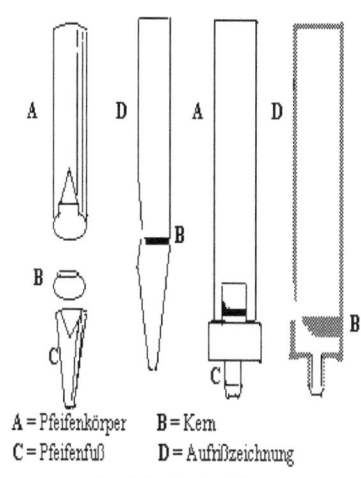

A = Pfeifenkörper   B = Kern
C = Pfeifenfuß   D = Aufrißzeichnung

Labialpfeifen

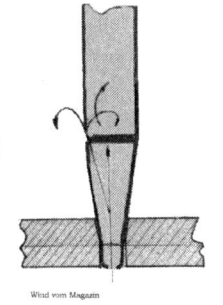

Wind vom Magazin

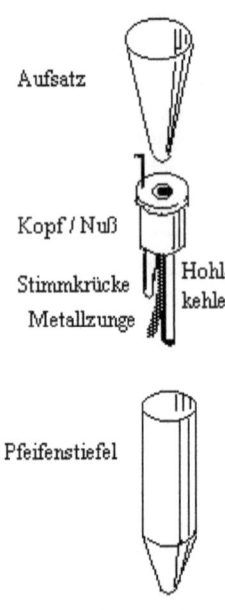

Aufsatz

Kopf / Nuß

Stimmkrücke

Metallzunge

Hohl-
kehle

Pfeifenstiefel

Um den Klang von Trompeten, Hörnern, Oboen oder auch einen den mittelalterlichen Blasinstrumenten gleichartigen, wie Krummhorn oder Regal, hervorzurufen, kommen Zungenpfeifen zum Einsatz. Zwischen dem Aufbau dieser Pfeifen und dem der längeren Labialpfeifen besteht ein großer Unterschied. Ein etwa 20 bis 30 cm langes zylindrisches – oben offenes – Metallrohr mit einem Kegelstumpf-Ansatz am unteren Ende ist der 'Pfeifenstiefel'. Auf die obere Öffnung dieses Pfeifenstiefels ist ein Metall- oder Holzklotz, *Kopf* (auch *Nuss)* genannt, luftdicht eingepasst. Durch diesen Klotz wird vertikal, von oben nach unten, ein Loch gebohrt, und in diese Bohrung wird von unten eine *Hohlkehle* mit einer *Metallzunge* durch Einklemmung mit einem Keil befestigt, wie mit der vorstehenden Skizze dargestellt. Die Zunge wird mit etwas Spannung von der Hohlkehle abgebogen. Diese Kombination hängt der Länge nach im Pfeifenstiefel. Der eingeblasene Spielwind durchströmt den Stiefel, wird durch die Hohlkehle geführt und entweicht durch den Pfeifenkopf. Der Luftstrom verursacht eine Saugwirkung und die Metallzunge wird durch den Sog an die Hohlkehle gepresst, schwingt zurück und wird wieder angesaugt, solange wie der Spielwind einströmt. Die Anzahl der Anschläge verursacht einen der Frequenz entsprechenden Klang, und der aufgesetzte Schalltrichter, der *Aufsatz,* verstärkt die von der Zunge erzeugte Schallfrequenz. Mit dieser Art der Pfeifenkonstruktion können bis zu fünfzehn verschiedene Solostimmen nachgeahmt werden.

Vom Spieltisch aus wird das gesamte Orgelwerk ge-
steuert. Mit dem entsprechenden Manual, der Klaviatur
mit 54 Tasten, das dem jeweiligen Pfeifenwerk zugeord-
net ist, werden die Pfeifen zum Erklingen gebracht.
Durch Tastendruck öffnet man die Ventile der Pfeifen
und der Spielwind kann frei wirken. Eine vollständige
Tonreihe hat die
den Tasten ent-
sprechende An-
zahl von Pfeifen,
die insgesamt ein
Werk ausmachen.
Entsprechend der
Größe einer Orgel,
nach der Anzahl
einzelner Werke,
wie es das obere Bild der Buxtehude-Orgel präsentiert:
Rückpositiv, Brustwerk, Hauptwerk, Oberwerk, Kronwerk, sind die Manuale übereinander terrassenförmig
angeordnet. Oberhalb oder auch, wie im oberen Bild,
seitlich davon sind die Registerzüge installiert. Hiermit
werden die einzelnen Pfeifenreihen, also die Klanggrup-
pen, im Windkanal geöffnet, und der Spielwind kann
nach Betätigung der Spieltaste die gewünschte Pfeife
ansprechen lassen.

Um aber vom Spieltisch aus die Spielventile und die
Registerzüge zu betätigen, gibt es drei Verbindungswe-
ge:
    1. die mechanische,
    2. die pneumatische,
    3. die elektrische Traktur

Der Begriff *Traktur*
kommt vom dem
spätlateinischen
Wort *tractare* und
bedeutet *ziehen*. Im
Orgelbau wird diese
Verbindung so ge-
nannt, weil man

das Pfeifenventil mit der Spieltaste aufzieht. Die mechanische Traktur ist die von Anfang an genutzte Verbindung. Sie wird mit schmalen, dünnen Holzleisten hergestellt. Auch die Registerzüge bestehen aus Holzleisten. An diesen zwei Abbildungen ist der Aufbau von Spieltischen mechanischer Orgeln sichtbar. Wie an der Bach-Orgel (Bild S. 107) in der Bach-Kirche zu Arnstadt. Gleichfalls am Spieltisch der Totentanzorgel in der St. Marien-Kirche zu Lübeck. Nebenstehend die Klaviaturen von unten nach oben:

Rückpositiv –
Hauptwerk –
Brustwerk –
Oberwerk.

Die Registerzüge sind jeweils links und rechts seitlich angeordnet.

Jeder wird sich vorstellen können, dass eine mechanische Orgel, je nach Koppelung der Manuale, schwer spielbar sein kann. Besonders aber obliegt es dem Können des Orgelbauers, eine leichtgängige Traktur herzustellen.

Um eine besonders leichtgängige Art der Traktur zu fertigen, erfanden zwei Orgelbauer, Charles Barker 1802 einen Hebel und der Orgelbaumeister Sander in Braunschweig 1863 einen Balg, die mittels Druckluft die Ventile öffnen: Die *pneumatische* Traktur. Zwischen jeder Taste und dem zugehörigen Pfeifenventil wurden Röhren verlegt, die sogenannte Röhrenpneumatik. Allerdings darf die Grenze von 20 Metern, die zwischen Taste und Ventil liegt, nicht überschritten werden, da sonst Verzögerungen in der Präzision der Tonansprache auftreten.

Um diesen Mangel auszugleichen und der Anforderung, einen fahrbaren Spieltisch einzusetzen, entgegenzukommen, kann eine elektrische Leitung als Verbindung zwischen Tasten und Ventil verwendet werden: Die *elektrische* Traktur. Ein Spieltisch für beide Anwendungen ist oft wie der des Spieltisches der Orgel in der Kreuzkirche zu Seifhennersdorf/Bautzen eingerichtet.

Eine Besonderheit an der Orgel ist das ‚Pedal'. Der Organist ‚*traktiert*' mit beiden Füßen die Pedaltasten, dabei erklingen die Basstöne dieses Instrumentes. Die tiefen Pedaltöne geben dem Instrument erst den typischen **Orgelklang**.

Auch historisch gesehen ist die Entwicklung der Orgel beachtenswert. In seiner Anfangszeit ist dieses mechanische Instrument teilweise ein Ersatz für die Musiker gewesen, die mit Blasinstrumenten bei heidnischen Festen, Spielen und Gladiatorenkämpfen die Zuschauer unterhielten. Seinerzeit erfreute sich das **organum hydraulicum** bei dem Publikum großer Beliebtheit. Von Griechenland aus verbreitete sich dieses Instrument besonders in Italien, wo auf der Hydraulis die Tafelmusik bei Mahlzeiten vornehmer Römer gespielt wurde. Cicero, der bekannte römische Senator, nennt „ ... die Klänge ein Reizmittel für die Ohren, ähnlich dem leckersten Fisch als Reizmittel für den Gaumen."

Zeitlich früher als im christlichen Abendland ist dieses Instrument im christlichen Orient zur Anwendung gekommen. Bis ins achte Jahrhundert sollen Orgeln in den Palästen zu Festen gespielt worden sein und es bestand bis zu diesem Zeitpunkt kein direktes Verbot, diese Instrumente auch bei Gottesdiensten einzusetzen. Es wurde jedoch nicht gern gesehen, da man vermeiden wollte, dass bei diesem Klang die Gemeinde zu orgiastischem Überschwang verleitet würde, da er den heidnischen Kultübungen nahe kommen würde. So ist auch darüber berichtet[16], dass im Tempelgottesdienst zu Jerusalem dieses Instrument nicht verwendet wurde, weil es ‚den Wohllaut der Sangesstimme verdirbt'. Zum anderen aber, weil Orgelspieler im sündenverdorbenen Sodom aufspielten.

Etwa im neunten Jahrhundert sind Orgeln durch die Gesandtschaften des Byzantinischen Reiches in das Frankenreich gekommen. An den fränkischen Höfen kamen sie vielfach zum Einsatz, waren aber im Gottesdienst nicht geduldet. Erst als Karl der Große[17] ein derartiges Instrument als Schenkung erhielt und man keinen besonderen und entsprechend würdigen Standort fand, außer im Aachener Dom, wurde es dort aufgestellt. Nach einer gewissen Gewöhnung an diese Orgel

---

[16] „Musik und Gesang in der Theologie der frühen jüdischen Literatur", Karl E. Grözinger, J.C.B. Mohr, Tübingen 1982
[17] (*2.4.747 †28.1.814)

und nachdem die Pfeifen in einem Schrein eingeschlossen waren, so vermutet man, konnte das Instrument zur Unterstützung der Sänger und der Liturgen eingesetzt werden. Nachdem die Pfeifen von einem dem sakralen Raum entsprechend würdigen und mit ikonenartigen Bildern geschmückten Umbau nahezu versteckt waren, eroberte sich die Orgel im Laufe der Jahrhunderte den Kirchenraum. Daraus entwickelte sich mit größer werdenden Instrumenten das äußere Erscheinungsbild, anfangs 'Struktur' genannt; denn die Orgel sollte ein Abbild der himmlischen Chöre sein, wie der Kirchenraum als das himmlische Jerusalem angesehen wurde.

Seitdem dieses klangfarbenreiche Musikinstrument mehr und mehr in sakralen Gebäuden installiert wurde, hat es eine liturgische Funktion und steht im Dienste der *Musica sacra*. Mit dem Wirken des niederländischen Kirchenmusikers Jan Pieterszoon Sweelinck[18] eröffnete sich für dieses Instrument ein außergewöhnlicher Formenreichtum. Mit seinen Kompositionen begründete er den Typus des Orgelchorals und beeinflusste damit die norddeutsche Organistenschule. In der Folge ergab es sich, um Menschen zum Hören sakraler Musik einzuladen, dass im liturgischen Rahmen Orgelmusik interpretiert wurde und wird.

Dieses Instrument ist, wie kein anderes, in der abendländischen Kirche ganz eingebunden in den liturgischen Rahmen des Gottesdienstes. Sie unterstützt den Gesang des Liturgen und der Gemeinde und trägt als Soloinstrument dazu bei, den *ewigen und dreieinigen Gott* zu rühmen und zu preisen. Darüber hinaus die Gemeinde zu erfreuen und zu erbauen.

---

[18] *1562 Deventer †16.10.1621 Amsterdam

Nein, es geht nicht immer gleich,

stufenweis und ebenmäßig.

Liebes Herz, zu Gottes Reich

ist der Aufstieg hundertsträßig.

Abwärts, aufwärts, kreuz und quer,

nach Gesetzen, ganz unzweiflich,

doch dem äußeren Blick oft schwer —

ja mitunter unbegreiflich.

Christian Morgenstern

Das Gerufensein

„Könnte man sagen, dass Sie ein Glücksmensch sind?", lautete eine an den bekannten Bandleader James Last gerichtete Frage. Der antwortete kurzentschlossen: „Sobald man ein bestimmtes Alter erreicht hat, erkennt man, dass es Führungen von oben sind", und hob seinen Kopf etwas an.

Lebenserfahrungen, mehr noch Glaubenserlebnisse eines Menschenleben, lassen sich nicht übertragen. Doch nach dieser Erkenntnis sollte man sich verpflichtet fühlen, sie dem Mitmenschen mitzuteilen. Warum? Um sich dem Älteren anzuvertrauen: „Guck mal, das habe ich erlebt, du wohl ähnlich, nicht wahr?" Dem Jüngeren darzutun: „Siehe, es ist gut, sich dem HErrn anzuvertrauen!

Es ist kurz vor dem Beginn eines Abend-Gottesdienstes. Mein Onkel Max und ich sind allein auf der Orgelempore. Unten im Kirchenschiff ist eine größere Anzahl Gottdienstteilnehmer anwesend. Der Organist ist nicht gekommen. Kein Orgelspiel! Jetzt kommen die Diener aus der Sakristei. Durch einen Wink meines Onkels erhalte ich die Aufforderung, die

Orgel zu spielen, und ich setze mich auf die Orgelbank. Es ist das erste Mal, dass ich den Liturgen und die Gemeinde mit Orgelspiel begleite. Meine Knie zittern und ich bin sehr aufgeregt.

Allerdings auch ein bisschen stolz. „Gleich das Lied begleiten, ob das wohl gut geht?", stellt sich mir die Frage. Jetzt kommt der Augenblick, und nun los! Ein Choralvorspiel aus der Hand und dann voller Einsatz. Die Gemeinde singt und ich begleite mit hochrotem Kopf. Das Postludium spiele ich schlicht mit einigen Akkordfolgen vom Blatt. So sieht's aus:

Inzwischen war der Organist eingetroffen, er sprach anerkennende Worte aus und ich fühlte mich geehrt. Dann erhielt ich die Anweisung, zu dem Vorsteher der Gemeinde in die Sakristei zu kommen. „Es war ja sehr aufmerksam, dass du den Gottesdienst begleitet hast", sagte er. Weil er aber ein kenntnisreicher und musikalischer Mensch war, fügte er hinzu: „Da der Gottesdienst keine Übungsstunde sein soll, übe –, sei fleißig. Sobald du der Meinung bist, du kannst es, spiele mir vor und dann entscheide ich." Obwohl es mich getroffen hat, war es eine von ihm wohlwollende Anweisung, künftig die eigene Befähigung stets zu prüfen und einzuschätzen. Besonders aber zu erkennen: Auf das *Gerufensein* zu warten! So folgte nach der Ausbildung in der Elektrotechnik und Kirchenmusik die Lebenszeit unter dem *Gerufensein*.

Mit staunendem Erkennen erlebte ich während des verheerenden 2. Weltkrieges buchstabengetreu den im 91. Psalm stehenden siebten Vers:

„Wenn tausend an deiner Seite fallen [im Kampf]
Und zehntausend zu deiner Rechten:
Du wirst nicht getroffen."[19]

---

[19] Übersetzung L. Albrecht

Unser himmlischer Vater lenkte mich durch die Kriegsjahre derart, dass ich nicht einen einzigen Tag des Kriegsgrauens erlebt habe. Nach einer Ausbildung als Sanitätssoldat war mir bewusst geworden, dass ich nicht auf andere Menschen zu schießen gezwungen sein werde. Als Bass-Sänger 1941 in eine Militär-Kantorei gerufen, war ich an der Aufführung von Bach-Kantaten in mehreren Kirchen zu Paris beteiligt. In den Kriegsjahren 1942 bis 1944 war ich als Organist und Kantor an der Deutschen evangelischen Kirche in Oslo zu den Militärgottesdiensten abkommandiert. Im Herbst 1944 versetzte man mich, trotz des Führerbefehls: „Alle Jahrgänge ab 1920 (zu denen ich gehöre) zum Fronteinsatz versetzen!", in den tiefsten Frieden nach Mosjöen, Nordnorwegen. Erst nach einer Militärzeit von fünf Jahren, vom 1.10.40 bis 1.10.45, auf den Tag genau, habe ich die Auswirkungen des verheerenden Krieges gesehen.

Nach der Eheschließung mit meiner Frau Anneliese und der dann folgenden Währungsreform, wodurch die Sparguthaben zu einem späteren Zeitpunkt auf 10 % abgewertet wurden, hatten wir nur noch einen einzigen Pfennig. Wir wussten beide nicht, wie es weiter gehen sollte, blieben aber im festen Vertrauen zu Gott. Dann trat etwas ein, was wir nicht vermutet hatten. Meine Frau erhielt Arbeit und mein ehemaliger Lehrherr ließ über meinen Vater anfragen, ob ich gewillt sei, meine Hände noch schmutzig zu machen, da er sehr viele Aufträge bekommen habe. Ich war gewillt und wurde über die Maßen gut entlohnt. ER hatte gerufen!

Mit den Organisten Manfred Menzel und Kurt Pickard haben wir die ‚Bach-Gemeinschaft' wieder ins Leben gerufen. Nach Einstudierung der ‚H-Moll Messe' von Joh. Seb. Bach, haben wir diese mit dem Orchester des NWDR in der Musikhalle zu Hamburg mehrere Jahre an den Bußtagen des Kirchenjahres dargebracht. Wichtig und in der damaligen Zeit nach dem Kriege notwendig war, dass zu dem Eintrittsgeld noch zwei Briketts mitzubringen waren, natürlich in Papier eingewickelt.

Die für meinen weiteren Lebensweg bedeutsame Entscheidung ergab sich aus der Berufung: „Bemühen Sie sich um die Jugend der katholisch-apostolischen Gemeinden Hamburgs!" Um diese Aufgabe und den Dienst als Kirchenmusiker zur Ehre Gottes und der Auferbauung der Gemeinde auf freiwilliger Basis zu erfüllen, nahm ich eine Anstellung bei dem AEG-Büro in Hamburg an. Hier befasste ich mich als Steuerungs- und Regelungstechniker in den ersten zehn Jahren mit Installationen, bei denen die ‚Kontaktlose Steuerung' entwickelt und eingesetzt wurde, die als Basis der heutigen Computertechnik angesehen werden kann.

Im Jahre 1960 ergab sich eine Anstellung bei der Firma Deutsche Hammondorgel GmbH in Hamburg. Aus steuertechnischen Gründen wurden von Chikago die Orgeleinzelteile und die Orgelgehäuse aus Dänemark importiert. Den Zusammenbau zu leiten und die Überprüfung der Instrumente war meine Aufgabe. Auch Kundengespräche zu führen, wie hier zu sehen.

Dann erfolgte im Herbst 1963 der Ruf der AEG: Ob ich die Akquisition im Bereich der Halbleiter- und Regelungs-Antriebstechnik übernehmen wolle. Das Resultat: Die finanzielle Grundlage war und ist durch die

Leitung unseres himmlischen Vaters gesichert, um der Berufung im Dienste Gottes Folge zu leisten.

Im Jahre 1968 erhielt die Gemeinde in Hamburg-Barmbek eine neue Orgel von der Orgel-Baufirma Kemper & Sohn. Das Instrument hatte 21 klingende Register, zwei Manuale mit elektrischer Traktur. Das nebenstehende Bild entstand bei der Abnahme des Instrumentes durch mich. Am  14. April 1968, dem Palmsonntag des Jahres, erklang die Orgel erstmals im Gottesdienst. Als ich zu Beginn des Gottesdienstes ein improvisiertes Präludium zu der Choralmelodie ‚O Herr, ich bin nicht würdig' spielte, wurde mir bewusst, dass ich vor genau 33 Jahren, am Palmsonntag, dem 14. April 1935, meine Einsegnung als ‚Selbstständiger Kommunikant' erhalten hatte. Es war der Tag meiner Konfirmation.

Instrument der Hamburg-Barmbeker Gemeinde

Nach der Übergabe meines Amtes an Herrn Helmut Rudolph, wurde mir durch den Vorsteher der katholisch-apostolischen Gemeinde Lübeck die Bitte: „Würden Sie wohl zu uns nach Lübeck kommen?" vorgetragen, welche ich bis zum heutigen Tage an diesem Instrument erfüllen darf. Die Abbildung zeigt das von der Orgelbaufirma Kemper & Sohn 1969 in der Gemeinde zu Lübeck installiertes Instrument. Hierin sind 11 klingende Register eingebaut.

Nimmt man das Geständnis von James Last, das für jeden einzelnen Menschen gilt, so kann ein jeder es mit dem Psalm 105, 1-3[20] nur bestätigen:

Danket JHWH[21], ruft seinen Namen an,
macht seine großen Taten inmitten
der Völker kund!
Singt ihm, spielt ihm,
redet von all seinen Wundern!
Rühmt euch seines heiligen Namens!
Es freue sich deren Herz, die JHWH suchen.
Fraget nach JHWH und seiner Macht,
Suchet sein Antlitz beständig!

---

[20] Psalm-Übersetzung nach L. Albrecht
[21] Mit diesen vier Konsonanten wird in der hebr. Bibel Gottes Name geschrieben, wobei die Aussprache bisher unbekannt geblieben ist.

EINE ZWISCHENNOTIZ

Die Erzählungen, Berichte und Betrachtungen, die Sie nun, liebe Leserin, lieber Leser, gerade unter dem Titel *Erlebter Glaube* gelesen haben, möchte ich Sie im Geiste mit dem Folgenden weiterführen und den Weg zu dem Ziel des Menschseins mit Gott aufzeigen. Es mag wohl als vermessen erscheinen, diesen Gedanken aufzugreifen und Ihnen anzubieten. Jedoch nach Gebet und der Empfehlung des Theologen Bruno-Hermann Vahl möchte ich diese Ausarbeitung an Sie weiterleiten. Die Grundlage dieser Bearbeitung ist zum einen eine Predigt, die in England[22] gehalten wurde, und zum anderen Abschnitte verschiedener theologischer Darlegungen zu den einzelnen Themen, die hierin angesprochen werden.

Die bisherigen Artikel standen unter dem spezifisch christlichen, also neutestamentlichen Begriff: *Glaube*. Hier handelt es sich um den christlichen Grundbegriff schlechthin, da sämtliche Aussagen zum Verhältnis des Menschen zu Gott als dem Vater Jesu Christi in diesem Wort zusammengefasst werden. Es sind die Begriffe Erlösung, Ewigkeit, Gericht, Gnade, Hoffnung, Liebe, Sünde, Versöhnung und vieles mehr, die hierin gebündelt sind. Der Fülle des Begriffs Glauben kann man allerdings niemals gerecht werden. Auch ist es ausgeschlossen, diesen Ausdruck in eine einzige Formel zu fassen.

Doch Glaube ist mehr als: Ich nehme an. Glaube ist Wissen! Diese sehr alte Unterscheidung des Wortes >glauben< kommt von >ge-loben<, also beschwören können. Es handelt sich beim Glauben also um eine Sache, deren man so sicher ist, dass man darauf einen Eid ablegen könnte. Wenn es sich um eine Person

---

[22] Von Ältester Thomas Groser, an der Catholic Apostolic Church Centralchurch, London.

handelt, sagt man dafür auch >ver-loben< und bedeutet also: mit Gott, >verlobt<, mit Jesus Christus wie >verheiratet< sein. Diese Bedeutung steckt auch im griechischen Wort *pistis* für Glaube sowie im lateinischem *fides*. Glauben ist also das feste Wissen: „Christus lebt in mir." (Gal 2,20)

In den vorangegangenen Abhandlungen habe ich versucht zu verdeutlichen, wie Glaube erlebt worden ist. Mit dem folgenden Artikel soll versucht werden, die Wichtigkeit des menschlichen Lebens in und mit dem ewigen Gott zu begründen. Der Schöpfergott hat den Menschen nicht zum Tode hin geschaffen, sondern damit er lebt in Ewigkeit mit Ihm in Seiner Liebe. Die Sakramente der christlichen Kirche geben jedem Menschen die Chance, den Weg hin zu dem Allmächtigen, auch über den Tod hinaus, zu gehen.

Alle Aussagen der Evangelien, sonderlich die Abendmahlsberichte sind für das Glaubensbewusstsein der Christen geschrieben worden und setzen das Wissen um Tod und Auferstehung Jesu voraus. Mit dieser Sicht stehen wir in der Erwartung des ewigen Gottesreiches und haben mit dem Blick auf Jesus Christus durch Ihn in dem Sakrament des Abendmahls die zentrale Bedeutung als Nahrung zum ewigen Leben erkannt.

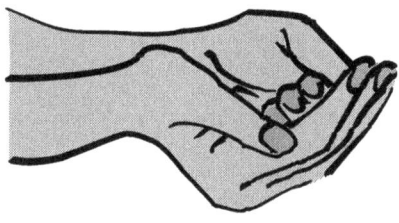

Die Seinen, die der HERR befreit hat, kehren heim;
voll Jubel kommen sie zum Zionsberg.
Aus ihren Augen strahlt grenzenloses Glück.
Freude und Wonne bleiben bei ihnen,
Sorgen und Seufzen sind für immer vorbei.
»Ich bin es«, sagt der HERR, »ich bin es,
der eurem Leiden ein Ende macht!"

Jes. 51,11 + 12a

DIE HOHE BERUFUNG DES MENSCHEN

Die Bibel spricht von dem Baum mit der Frucht zum unvergänglichen Leben, der in der Mitte des Gartens Eden stand.[23] Gott schuf die stoffliche Erde mit diesem Garten, dessen geistige Wurzeln im Himmel waren. Aus dem Material der Erde hatte Gott ein Menschenpaar geschaffen und setzte sie in diese Anlage als Bewahrer ein. Hier konnte das erste Menschenpaar, außer den Garten selbst, den Umgang mit Gott genießen. Um zu der größtmöglichen Herrlichkeit in Gott zu gelangen, um sich vom irdischen zum geistlichen Menschen zu entwickeln und bis in die Erkenntnis des Göttlichen heranzuwachsen, sollte der Mensch nicht sterben, sondern dafür gab es die Frucht am Baum des unvergänglichen Lebens. Der Adel des Menschen war und ist heute noch die Berufung, *Könige und Priester* zu sein. Durch Missachtung der Auflage Gottes, nicht von der Frucht des Erkenntnisbaumes zu essen, wurde das Verhältnis zu Gott verscherzt. Damit der Mensch aber „nicht die Hand ausstreckt, auch die Frucht vom Baum des Lebens nimmt, davon

---

[23] 1.Mose 2,9 nach ‚Gute Nachricht'

isst und ewig[24] lebt, vertrieb Gott den Menschen aus diesen Garten und stellte östlich von Eden die Kerubim auf und das lodernde Flammenschwert, damit sie den Weg zum Baum des Lebens bewachten."[25] Da dennoch die Berufung der Menschen weiterhin besteht: Kinder Seines Reiches zu sein und zu werden, ist es nötig, dass der Mensch nach Leib, Seele und Geist *neu* geboren wird. Darum wurde die gnadenvolle Verheißung eines Erlösers schon dem ersten Elternpaar vor Verlassen des Paradieses gegeben. Und Der kam -, als die Zeit erfüllt war!

DAS ERSTE SAKRAMENT

Der Beginn des Christseins entkeimt, ob im frühesten Kindesalter oder im Zustand des Erwachsen-Seins, dem Sakrament der heiligen Taufe. Es ist das erste Sakrament der christlichen Kirche. Allerdings gab es von der Mitte des 2. Jahrhunderts v. Chr. an bis etwa 300 n. Chr. beachtliche Taufbewegungen unterschiedlichster Gruppen und Anschauungen. Vor dem Auftreten Jesu trat die Gestalt des Priestersohnes *Johannes* hervor. Seine Taufe, der sich auch Jesus unterzog, hatte gegenüber allen anderen gewöhnlichen Taufen oder Waschungen einzigartige Eigentümlichkeiten: Es war eine einmalige Handlung, ganz Israel und alle Proselyten sollten sich ihr unterziehen, um durch Buße, einem Sündenbekenntnis, dem zukünftigen Gericht zu entgehen. Man wäscht und spendet sie sich nicht selbst, sondern lässt sich von einem Täufer taufen, der ein von Gott gesandter und auf Gottes Reich hinweisender Prophet ist.

---

[24] ‚im Ungehorsam und Sünde ewig leben müsste' als Zwischenbemerkung zum besseren Verständnis
[25] 1.Mose 3, 22 + 24

Jesus sagt hierzu: „ ... nur wer von Wasser und Geist geboren wird, kann in Gottes Neue Welt hineinkommen."[26] Das Wasser weist auf die christliche Taufe hin, die nach biblischem Verständnis mit dem Empfang des Heiligen Geistes verbunden ist und dass diese Geburt durch den Heiligen Geist bewirkt wird. „Denn was Menschen zur Welt bringen, ist und bleibt von menschlicher Art. Von geistlicher Art kann nur sein, was vom Geist Gottes geboren wird."[27] Und Jesus sagt weiter ausdrücklich: „Der Wind weht, wo es ihm gefällt. Du hörst ihn nur rauschen, aber du weißt nicht, woher er kommt und wohin er geht. So geheimnisvoll ist es auch, wenn ein Mensch vom Geist geboren wird."[28] In diesem Sinne ist mit ‚Wind, Hauch', dem hebräischen Wort für Geist, das Lebensprinzip, das Gott Seinen Geschöpfen verlieh, gemeint. Ausführlich hatte der HErr zu Nikodemus die Geistesgeburt angesprochen und er wird damit an die ursprüngliche Geburt der Natur zurückverwiesen: „Die Erde war formlos und leer; und Finsternis war über der Oberfläche der Tiefe. Und der Geist Gottes bewegte sich über der Wasseroberfläche."[29]

Die Ordnung der Gnade, nämlich die des Sakraments, nimmt die Ordnung der Natur zur Grundlage, so dass die neue Schöpfung auf dem Webstuhl der alten gewebt wird. Der Geist brütet „über der Wasseroberfläche". Durch diesen Vergleich zwischen der alten und der neuen Schöpfung zeigt sich, dass das gesamte Leben von Fauna und Flora mit ihren Blättern, Früchten, Blüten und verschiedenen Arten der Schönheit seinen Ursprung daher hat, dass die ganze Erde gewissermaßen in einem riesigen Becken lag, wie in einem Taufbecken, und nach der Wirkung des göttlichen Geistes als eine mit neuem Leben durchdrungene Schöpfung aufgetaucht ist. Sie blieb seither nicht mehr die formlose, rohe und unfruchtbare Öde, die sie

---

[26] Joh. 3,5
[27] Joh. 3,6
[28] Joh. 3,8
[29] 1.Mose 1,2

anfangs war. Dementsprechend ist, durch die christliche Taufe bedingt, ein völlig neuer Zustand des Lebens der Menschen geboren, der von den Wassern der Wiedergeburt und der Erneuerung vom Heiligen Geist zu erwarten ist. Das bedeutet: In der christlichen Taufe vollzieht sich eine innere Lebensverbundenheit mit dem Sein in Christus Jesus. Die Taufe ist infolgedessen ein *Anziehen Christi,* der Täufling wird mit Christus überkleidet und in Ihn so hineingenommen, dass er ein *neuer* Mensch wird, eine *Neuschöpfung.* Dies ist das erste Sakrament der Kirche Jesu Christi als das Bad der Reinigung und der daraus folgenden Heiligung. Dieses Sakrament ist der ganzen Kirche bereitet worden, damit dieser Sein Leib dargestellt werden kann in der ewigen Herrlichkeit des Vaters.

DAS ZWEITE SAKRAMENT

Ein Leib benötigt bekanntlich die entsprechende Nahrung. So auch der geistliche Mensch. Daher gedachte der HErr schon bei Seinem Erdenwandel ein zweites künftiges Sakrament zur Ernährung der Glieder in Seiner Kirche einzusetzen. Um Seine  Jünger hierauf vorzubereiten, hat Er sie in einen besonderen Schulungskursus hineingezogen. Wie alle Kurse, so unterlag auch dieser Lehrgang zeitlich getrennten Phasen. Folgen wir einmal dem Bericht des Apostels Johannes,[30] da er von Reisen Jesu nach Jerusalem berichtet, die in den anderen Evangelien nicht erwähnt werden. Um den Zusammenhang der weiteren Schilderung verständlicher werden zu lassen, betrachten wir einmal, wie diese verliefen:

---

[30] Joh. 4-6

123

Jesus, der sich zuvor Seine Nachfolger auserwählt hatte, einer Einladung zur Hochzeit in Kana nachgekommen war, wo Er Wasser in Wein verwandelte, dann im Tempel zu Jerusalem die Händler mit einer aus Stricken zusammengebundenen Peitsche verjagt und später mit Nikodemus gesprochen hatte, ging in das Gebiet Judäa an den Jordan. Hier hielt Er sich eine Zeitlang auf, wo Er und Seine Jünger in der fruchtbaren Ebene von Ainon bei Salem tauften. Als Er bemerkte, dass die Pharisäer es nicht für gut hielten, dass Er taufte, und um die Tauftätigkeit nicht zu gefährden, trat Er zurück und ging wieder nach Kana in Galiläa. In der Stadt Kafarnaum lebte ein königlicher Beamter; dessen Sohn krank war. Als der Beamte hörte, dass Jesus von Judäa nach Galiläa gekommen war, suchte er Ihn auf und bat Ihn, herabzukommen und seinen Sohn zu heilen; denn der lag im Sterben. Er bat Jesus: „Herr, komm herab, ehe mein Kind stirbt." Jedoch Jesus erwiderte ihm: „Geh, dein Sohn lebt!" Der Mann glaubte dem Wort des HErrn, das Jesus zu ihm gesagt hatte, und machte sich auf den Heimweg. So tat Jesus das zweite Zeichen Seiner Macht, und zwar nachdem Er von Judäa nach Galiläa gekommen war.

Einige Zeit später war ein Fest der Juden,[31] und Jesus ging hinauf nach Jerusalem. Dort gab es beim Schaftor einen Teich, zu dem fünf Säulenhallen gehörten; dieser Teich heißt auf hebräisch Betesda. Hier lag seit 38 Jahren ein Mann krank. Als Jesus ihn dort liegen sah und erkannte, dass er schon lange krank war, fragte Er ihn: „Willst du gesund werden?" Aufgrund der Klage des Erkrankten, dass ihm keiner zur rechten Zeit hilft, in das bewegte Wasser zu kommen, sagte Jesus zu ihm: „Steh auf, nimm dein Lager und geh!" Sofort wurde der Mann gesund, nahm sein Bett

---

[31] Wahrscheinlich das Purimfest im März (am 14. oder 15. des Monats Adar) des Jahres 28. Das Purimfest wurde zum Andenken an die Rettung der Juden vor dem Mordanschlag Hamans gefeiert (Esth. 9,21).

und ging. Dieser Tag aber war ein Sabbat. Später traf ihn Jesus im Tempel und sagte zu ihm: „Jetzt bist du gesund; sündige nicht mehr, damit dir nicht noch Schlimmeres zustößt." Da die Heilung am Sabbat geschah, waren die führenden Männer Israels empört und beabsichtigten den am Sabbat Heilenden nach dem Gesetz zu bestrafen. Nach dem Hinweis Jesu, ging der Mann fort und teilte ihnen mit, dass es Jesus war, der ihn gesund gemacht hatte. Daraufhin wurde Jesus von ihnen verfolgt, weil Er eine Heilung an einem Sabbat getan hatte. Jesus aber entgegnete ihnen: „Mein Vater ist noch immer am Werk, und auch ich bin am Werk." Darum waren sie noch mehr darauf aus, ihn zu töten, weil Er nicht nur den Sabbat brach, sondern auch Gott Seinen Vater nannte und sich damit Gott gleichstellte. Ein Frevel, eines der schwersten Vergehen nach dem Gesetz: „Wenn aber ein Einzelner aus Vorsatz frevelt, es sei ein Einheimischer oder Fremdling, so hat der den HERRN geschmäht. Er soll ausgerottet werden aus seinem Volk; denn er hat des HERRN Wort verachtet und sein Gebot gebrochen." [32]

Nach einer scharfen Auseinandersetzung mit den führenden Männern und nachdem Jesus ihnen gegenüber Seine Vollmacht begründet hatte, entzog sich Jesus ihnen und fuhr über den See Genezareth an das wenig bevölkerte Ostufer des Galiläischen Meers, das auch See von Tiberias genannt wurde. Herodes Antipas gründete zwischen 17 und 22 n. Chr. die Stadt Tiberias als Hauptstadt von Galiläa. Diese nach dem Kaiser Tiberius benannte Stadt war auch der Wohnsitz des Vierfürsten Herodes Antipas. Im Neuen Testament wird sie weiter nicht genannt und ist auch anscheinend von Jesus nicht betreten worden.

Jesus stieg auf den Berg und setzte sich mit Seinen Jüngern. Aber eine große Menge Menschen folgte Ihm, weil sie Seine Wunder an den Kranken gesehen hatten. Als Jesus aufblickte und sah, dass so viele Menschen zu ihm kamen, fragte er Philippus: „Wo sollen wir Brot

---

[32] 4. Mose 15,30+31

kaufen, damit diese Leute zu essen haben?" Das sagte Er aber nur, um ihn auf die Probe zu stellen; denn Jesus wusste, was Er tun wollte.

Nachdenklich meinte Philippus: „Brot für zweihundert Denare reicht nicht aus, wenn jeder von ihnen auch nur ein kleines Stück bekommen soll."

Andreas, der Bruder des Simon Petrus, erwähnte: „Hier ist ein kleiner Junge, der hat fünf Gerstenbrote und zwei Fische; doch was ist das für so viele!"

Jesus ordnete an: „Lasst die Leute sich setzen!"

Es gab dort nämlich viel Gras, und es setzten sich etwa fünftausend Männer, ohne Frauen und Kinder zu zählen.

Jesus nahm die Brote, sprach das Dankgebet und ließ es an die Leute austeilten, soviel sie wollten; ebenso machte Er es mit den Fischen.

Als die Menge satt war, sagte Jesus zu Seinen Jüngern: „Sammelt die übriggebliebenen Brotstücke, damit nichts verdirbt."

Sie sammelten und füllten zwölf Körbe mit den Stücken, die von den fünf Gerstenbroten nach dem Essen übrig waren. Als die Menschen das Zeichen sahen, das Er getan hatte, sagten sie: „Das ist wirklich der Prophet, der in die Welt kommen soll."

Aufgrund dessen blieb es nicht aus, dass sie Jesus zu ihrem König machen wollten, möglicherweise auch mit Gewalt. Jesus merkte es und zog sich wieder auf den Berg zurück, ganz für sich allein.

Am Abend gingen Seine Jünger zum See hinunter und stiegen in ein Boot, um über den See nach Kafarnaum zurückzufahren. Nacht war's, und Jesus war nicht bei ihnen. Das Wetter war, wie des öfteren, sehr stürmisch und das Wasser schlug hohe Wellen. Als die Jünger eine Strecke von etwa fünf Kilometern zurückgelegt hatten, sahen sie plötzlich Jesus. Er ging über das Wasser und näherte sich ihrem Boot. Angst packte sie.

Aber Jesus rief ihnen zu: „Habt keine Angst, ich bin's!" Sie wollten Ihn zu sich ins Boot nehmen. Doch plötzlich waren sie am Ufer, dort, wo sie hin wollten.

Am folgenden Tag erinnerte sich die am anderen Ufer gebliebene Volksmenge daran, dass nur ein einziges Boot am Ufer gelegen hatte. Sie wussten, dass Jesus nicht ins Boot gestiegen war und Seine Jünger ohne Ihn mit diesem Boot abgefahren waren. Inzwischen hatten andere von Tiberias gekommene Boote nahe bei dem Ort angelegt, wo der HErr das Dankgebet gesprochen und die Menge das Brot gegessen hatte. Als sie bemerkten, dass Jesus und Seine Jünger nicht mehr anwesend waren, stiegen sie in diese Boote, fuhren nach Kafarnaum, um Jesus dort suchen. Tatsächlich, sie fanden Ihn auf der anderen Seite des Sees und fragten Ihn: „Rabbi, wann bist du hier hergekommen?"

Jesus antwortete: „Amen, ich versichere euch, ihr sucht mich nicht, weil ihr meine Wunder als Zeichen verstanden habt, sondern weil ihr von dem Brot gegessen habt und satt geworden seid. Bemüht euch nicht um vergängliche Nahrung, sondern um wirkliche Nahrung, die für das ewige Leben vorhält. Diese Nahrung wird euch der Menschensohn geben, denn ihn hat Gott, der Vater, als seinen Gesandten bestätigt."

Da fragten sie Ihn: „Was müssen wir denn tun, um Gottes Willen zu erfüllen?"

Jesus antwortete: „Gott verlangt von euch nur eins: Ihr sollt den anerkennen, den er gesandt hat."

Sie erwiderten: „Gib uns einen Beweis für deine Bevollmächtigung! Lass uns ein eindeutiges Wunderzeichen sehen, damit wir dir glauben. Unsere Vorfahren aßen das Manna in der Wüste. In den Heiligen Schriften heißt es von Mose: 'Er gab ihnen Brot vom Himmel zu essen."

Jesus entgegnete: „Amen, ich versichere euch: Nicht Mose hat euch das Brot vom Himmel gegeben, sondern mein Vater gibt euch das wahre Brot vom Himmel. Das wahre Brot Gottes ist das, das vom Himmel herabsteigt und der Welt das Leben gibt."

„Herr", sagten sie, „gib uns immer von diesem Brot!"

„Ich bin das Brot, das Leben schenkt", sagte Jesus zu ihnen. „Wer zu mir kommt, wird nie mehr hungrig sein. Wer sich an mich hält, wird keinen Durst mehr haben."

Dieser Johanneische Bericht lässt erkennen, wie Jesus Seine Jünger lehrhaft unterweist, und wie Er ein zweites großes Sakrament, das des Abendmahls, als Speise zum ewigen Leben einzusetzen gedachte. Die Volksmenge wollte ein Zeichen der messianischen Vollmacht Jesu sehen; denn eine einmalige Speisung reicht ihnen hierzu nicht aus. Die Speisung mit dem Manna durch Mose während der Wüstenwanderung war ihnen weit mehr. Jedoch verweist Jesus darauf, dass nicht das Manna der Wüste, sondern Er selbst die himmlische Speise zum Ewigkeitsleben ist.

DIE VIER EINZIGARTIGEN BELEHRUNGSSTUFEN

Die Unterweisung durch Jesus geschieht:

1. Mit einem sichtbaren, handgreiflichen Wunder, um die Natur des Sakraments zu illustrieren: Die Menschenmenge in der Wüste ist hungrig, und Jesus speist sie.
2. Durch eine Art dramatischer Handlung, die ein wirkliches und geheimnisvolles Gegenwärtigsein zeigte, dessen Art und Weise aber unerklärlich war.
3. Der HErr gibt den Jüngern eine zweifache Parallele an die Hand, um die beiden unterschiedlichen Gesichtspunkte zu veranschaulichen, die das Sakrament charakterisieren würde, den sakramentalen und den geistlichen.
4. Die vierte Stufe ist eine deutliche und förmliche Feststellung des himmlischen Charakters des Sakramentes; dessen, wodurch es sich von allen irdischen Vorbildern unterscheidet.

Die unmittelbare Gelegenheit für die erste Lektion ergab sich dadurch, als die Menge des Volkes Ihm nach in die Wüste folgte. „Als Jesus aber Seine Augen aufhob und... sah," stellt Er fest, dass die Menschenmenge in der Wildnis hungrig ist. Da aber der HErr ein erstaunliches *Geheimnis* zu lehren hat, leitet Er es mit einem staunenerregenden *Wunder* ein.

Was aber ist ein Wunder im neutestamentlichen Sinne? Auch kann darüber hinaus gefragt werden: Welcher Unterschied besteht zwischen einem Wunder und einem Geheimnis?

Ein Wunder ist ein Appell an die Sinne, so wie Jesus auf der Hochzeit zu Kana in Galiläa Wasser in Wein verwandelte. Heute ist durch atomwissenschaftliche Feststellung erkannt, dass eine Veränderung des Wassers in Wein lediglich durch die Hinzufügung eines winzigen Atoms hervorgerufen wird. Dieser durch Jesus vollbrachter Wandel in Kana wurde durch die Seh-, Geruchs- und Geschmacksorgane des Küchenmeisters bezeugt. Der stürmische See wiederum gehorcht dem Worte Jesu und wird besänftigt und still. Der Kranke wird in einem Nu geheilt. Die bewirkte Genesung ist fühlbar und liegt für die Sinne eines jeden Menschen offen. Es sind Zeichen, ja Machttaten, die Jesus kraft Seiner Autorität im Sinne Seiner Predigt vom Reiche Gottes wirkt. Sie fordern nicht zum Wunderglauben auf, sondern zum Glauben an das christliche Bekenntnis, den der Glaubende als Gottes Werk begreift.

Mit den Geheimnissen ist es umgekehrt: In der Fülle der Zeit wurde ein Kind geboren, das äußerlich wie jedes andere zu sein schien. Es gab nichts, was an die Sinne appellierte. Es war kein Wunder. „ ... das Geheimnis unseres Glaubens ist groß: Er wurde offenbart im Fleisch," Es ist das große Geheimnis: Gott geoffenbart im Fleisch.

Doch Wunder begleiteten es vom Anfang bis zum Ende. Sie waren wie ein königliches Gefolge, wie der Tross, der dem großen König aufwartete. Sie schwebten über der Krippe und verdunkelten sich um das Kreuz herum. Der Stern von Bethlehem, der Gesang der Engel, die Gesichte Josephs, die Anbetung der Weisen: Wunder als Begleiterscheinungen gab es in Fülle, hatten aber in der Empfängnis durch den Heiligen Geist den geheimnisvollen Ursprung.

Betrachtet man die Einwohnung Gottes im menschlichen Fleisch für sich selbst, so gab es nichts, was die Sinne in Erstaunen versetzt hätten. Deshalb sagt der Apostel: „Anerkannt groß ist das *Geheimnis* der Gottseligkeit". Ob wir sehen, wie Jesus durch die Getreidefelder wandelt oder sich zum Abendessen niederlässt oder die Pharisäer zurechtweist oder die Füße Seiner Jünger wäscht: Es handelte sich wirklich um die Darbietung eines bewunderungswürdigen *Geheimnisses* für die Menschen, nicht jedoch um die Darbietung eines *Wunders*. Jesu Erscheinung war die eines gewöhnlichen Menschen; es gab keine Verwandlung in der materiellen Substanz der Natur, die Er von Seiner Mutter her hatte.

So zeigt sich auch bei der Taufe, dem ersten Sakrament, dass Mensch und Wasser allem äußeren Anschein nach geblieben sind, was sie vorher waren. Aber der Heilige Geist bewirkt das Leben, welches von Gott dadurch gegeben wird. Nach der Taufhandlung durch einen ordinierten Diener der Kirche empfangen die Eltern ihr Kind von ihm zurück. Äußerlich ist an dem Täufling kein Unterschied festzustellen. Von dem was vorher zu sehen war, hat sich in keiner Weise etwas verändert; es umgibt ihn kein Glorienschein und eine Gesichtsveränderung ist auch nicht erkennbar: Es ist kein Wunder! Es ist ein Geheimnis!

Mit dem vom HErrn eingesetztem Abendmahl verhält es sich ebenso. Die wunderbare Speisung Tausender ist ein untrügliches Vorbild, ein sichtbares Musterbild. Die erstaunliche Vermehrung der Brote und der Fische, ja die wunderbare Vervielfachung unter der Hand Jesu und Seinem Segen, ist für uns völlig unerklärlich. Alle schöpferischen Akte unseres Gottes sind ohne jede Ähnlichkeit in der Natur. Wie diese Speisung, so ist die christliche Kommunion gleichfalls kein Wunder. Es handelt sich um ein Geheimnis, das nur vom Glauben gewürdigt werden kann. Das Geheimnis des Glaubens in diesem zweiten Sakrament ist: Es ist die Speise zum Leben in Ewigkeit.

Die Kirche hat auftragsgemäß in allen vier Himmelsrichtungen, an jedem Ort und in allen Generationen Seinen Leib und Sein Blut konsekriert und es in beiderlei Gestalt und in den kleinsten Bruchstücken ausgespendet. Denen, die daran Anteil hatten und noch teilhaben, empfangen es im Glauben. Wie und auf welche Art diese Speise das Auferstehungsleben des HErrn Jesu Christi ist, bleibt das göttliche Geheimnis.

Bei der Speisung Tausender sagt Jesus: „Schaffet, dass sich das Volk lagere." Ordentlich und ruhig soll es zugehen und geschehen. Jesus möchte die Menschen nur speisen, wenn sie hungrig genug sind. Zur ersten Anleitung für die Jünger bewirkt Er ein erstaunliches Wunder. Es wurde durchgeführt zur Erkenntnis eines unaussprechlichen Geheimnisses. Als Bedingung verlangt Jesus aber von jedem ein gewisses Maß an Gehorsam und darüber hinaus auch einen festen Glauben an Ihn. Wenn allerdings die zu Speisenden, sowohl die damals Lebenden und auch die heutigen, woanders hingehen möchten, keinen Mangel fühlen, vielleicht erst feststellen möchten, was in der Natur umher zu finden wäre, dann können sie von Ihm nicht gespeist werden. Daher ist die Einführungslektion für die Schule Christi: „HErr, mein Herz ist nicht hoffärtig, und meine Augen sind nicht stolz; ich wandle nicht in großen Dingen, die mir zu hoch sind".

Die Apostel schafften Ordnung: „ ... sie setzten sich nach Schichten, je hundert und hundert, fünfzig und fünfzig". Kein wildes, chaotisches Gedränge, keine riesige Versammlung, sondern wohlgeordnet, indem sie ein Bild künftiger größerer und kleinerer Gemeinden darboten. Gruppen von Heiligen an jedem Ort. Zwar örtlich, aber sonst nicht getrennt; denn alle bleiben „beständig in der Lehre und Gemeinschaft der Apostel, im Brotbrechen und im Gebet".

Die, die das Wunder Jesu gesehen und erlebt hatten, stellten fest: „Das ist wirklich der Prophet, der in die Welt kommen soll." Einer, der sich der wirklichen Bedürfnisse der Menschen annehmen und für ihren Hunger sorgen würde. Nicht mit dünnen, luftigen Spekulationen, sondern mit einer Speise, um zu „sättigen die durstige Seele und die hungrige Seele mit Gutem zu füllen". Hiermit harmoniert die Aussage, dass dies durch „die Torheit der Predigt" geschieht, nicht durch schwer begreifliches und feinsinniges Nachdenken, auch nicht durch Beweisführung oder Denkanstrengungen von Seiten der Hörer oder des Auslegers, sondern durch die einfache Verkündigung der Tatsachen. Sonderlich in denen, die ein offenes Ohr haben, deren Herz Gott bereit gemacht hat, das zu glauben: „Denn weil die Welt durch ihre Weisheit Gott in seiner Weisheit nicht erkannte, gefiel es Gott wohl, durch die Torheit der Predigt die zu retten, die glauben."[33]

DIE ZWEITE BELEHRUNGSSTUFE

Wie mit einer dramatischen Handlung leitete der HErr die zweite Belehrungsstufe ein. Die Jünger waren auf dem stürmischen See in Gefahr geraten. Der HErr war jedoch gegenwärtig, <u>unsichtbar</u>. Seine wirkliche Gegenwart offenbarte Er allerdings erst über dem Wasser. Und als sie keine Angst mehr hatten, waren sie plötzlich dorthin angelangt, wohin sie wollten. Sehr detailgenau berichtet dies der Evangelist Johannes. Warum diese Bestimmtheit und Detailgenauigkeit? Gibt es eine Begründung hierzu? Ja, die Nennung aller Einzelheiten ist notwendig, um das Erstaunen dieser Menschen zu erklären. Sie hatten Jesus auf der

---

[33] 1. Kor. 1, 21 (Zürcher Bibel)

einen Seite des Sees gesehen und finden Ihn auf der anderen, obwohl es keine erkennbare oder vorstellbare Möglichkeit des Hinüberkommens gab. Sie können nicht verstehen, wie Er dort sein konnte. Er war aber nun einmal da. Sie wissen, dass Er nicht mit dem Schiff gekommen ist, was der einzige Weg zur Überfahrt gewesen wäre, denn es war kein anderes Schiff da außer dem, das die Jünger bestiegen hatten; und sie wissen, dass Er nicht bei ihnen gewesen ist. Darum befragen sie Ihn darüber: „Meister, wann bist du hier angekommen?", doch Jesus nennt ihnen keine Lösung des Rätsels. Nach Seiner Gewohnheit gibt Er ihnen keine direkte Antwort, die ihre Neugier oder auch Verwunderung befriedigt hätte. Er verweist sie zurück auf ihre eigenen Überlegungen, indem Er sagt: „Ihr sucht mich nicht deshalb auf, weil ihr Wunderzeichen gesehen, sondern weil ihr von den Broten gegessen habt und satt geworden seid."

Zur rechten Würdigung Seiner Person und Seines Wirkens sollten die Wunderzeichen führen. Sie aber dachten mit ihren Messiashoffnungen nur an die Befriedigung ihrer irdischen Bedürfnisse; denn sie forderten: „Herr, gib uns stets solches Brot!"
Da entgegnete ihnen Jesus: "Ich bin das Brot des Lebens. Wer zu mir kommt, den wird nie hungern, und wer an mich glaubt, den wird niemals dürsten", und geht darum auf die wunderbare Speisung ein, indem Er das Grundprinzip des lebensspendenden Sakramentes anspricht: „Ich bin das Brot des Lebens."
Zunächst redet Jesus von dem Lebensbrot bildlich: Er selbst ist das Lebensbrot für alle, die Ihn, den Gesandten des Vaters, im Glauben aufnehmen. Mit einer deutlichen Darstellung leitet Er in dieser Belehrung über: „Ich bin das lebendige Brot, das vom Himmel herabgekommen ist. Wer von diesem Brot isst, (und mich im Glauben aufnimmt) wird ewig leben. Das Brot aber, das ich geben werde, ist mein Fleisch[34]:

---

[34] Mein leibliches Leben, das ich in den Tod geben werde. Ein Hinweis auf Jesu Versöhnungstod.

Dies Brot gereicht der Welt zum Leben." Nun spricht Jesus von dem *Lebensbrot* als einer wirklichen, allerdings geistlichen Speise, die Er gibt. In dieser Seiner Aussage findet sich ein Hinweis auf das heilige Abendmahl.

Diese zweite Belehrungsstufe war eine göttliche Unterweisung. Zum einen die Begebenheit mit den Jüngern im Unwetter und Jesu Erscheinen auf dem Meer, als sie voll Furcht waren, einen Augenblick lang glaubten, Er sei ein Geist, und aufschrien. Es war wie eine Nebenszene der unendlichen Barmherzigkeit und Zartheit für die, welche Er liebte: „Ich bin es, fürchtet euch nicht!" Für die Jünger vermittelte dies im wesentlichen die Lektion: Seine wahrhaftige Gegenwart, jedoch unbegreiflich in bezug auf ihre Art und Weise. Er ist es; und das ist alles, was sie wissen.

Zum anderen erhielten die Jünger einen Begriff von Ihm, auch im Hinblick auf die künftige Ernährungsweise der Glieder Seines Leibes, der Kirche. Infolge ihrer Jüngerschaft erhielten sie ein gewisses Verständnis für die Lehre Jesu. Die außerhalb stehenden hatten es noch nicht. Dennoch ist die Tatsache unerklärlich, übernatürlich, etwas Göttliches, nicht etwas Menschliches. Es gab und gibt keine bekannte Weise, sie zu erklären.

DIE DRITTE BELEHRUNGSSTUFE

Hier wendet Jesus eine andere Lehrweise an. In einer längeren Auslegung gebraucht Er zwei Entsprechungen, um mit beiden Betrachtungsweisen zu veranschaulichen, welche Merkmale das Abendmahl haben werde:

➢ sakramentale und geistliche,
➢ äußerliche und innerliche.

In Seiner Erläuterung ging Jesus zuerst auf das den Vätern 1500 Jahre zuvor in der Wildnis gegebene Manna ein. Dann aber auf den zweiten Gesichtspunkt, dass Er das gegenwärtige, lebende Beispiel ist, indem Er sagt: „Wie mich der lebendige Vater gesandt hat und ich lebe um des Vaters willen, so wird auch, wer mich isst, leben um meinetwillen.“[35] Dies muss rein geistlich sein. Die Fragen, welche die Zuhörenden auch mit Bezug auf Sein Hiersein stellten, beantwortet der HErr unvermutet und offenbart ihnen ein Geheimnis. Das betraf sie selbst: „Ich sage euch: Ihr sucht mich, nicht weil ihr die Wunder gesehen habt, sondern weil ihr von den Broten gegessen habt und gesättigt worden seid. Arbeitet nicht für die Speise, die vergeht, sondern für die Speise, die bis zum ewigen Leben bleibt, die des Menschen Sohn euch geben wird; denn Ihn hat Gott, der Vater, versiegelt. Da sprachen sie zu Ihm: Was sollen wir tun, dass wir die Werke Gottes wirken können?“ Das fragten sie, weil Er gesagt hatte: „Mühet euch um die Speise, die bleibt“ im Gegensatz zum Manna, das verdarb, wenn es bis zum Morgen aufbewahrt wurde, und somit selbst bezeugte, dass es kein Element des ewigen Lebens in sich hatte. „Jesus antwortete und sprach zu ihnen: Dies ist das Werk Gottes, dass ihr an den glaubt, den ER gesandt hat.“ Das ist die erste gute Sache, die ihr zu tun habt und von welcher alles andere Gute und für Gott Annehmbare ausgehen soll. Sie erwiderten daraufhin: „Gib uns einen Beweis für deine Bevollmächtigung! Lass uns ein eindeutiges Wunderzeichen sehen, damit wir dir glauben. Unsere Vorfahren aßen das Manna in der Wüste. In den Heiligen Schriften heißt es von Mose: 'Er gab ihnen Brot vom Himmel zu essen.'“ Sie beziehen sich auf Mose, der in der jüdischen Auslegung als Vermittler eine wichtige Rolle spielt, obwohl die Heiligen Schriften nur Gott als Geber des Manna kennen. Doch „Jesus entgegnete: ‚Amen, ich versichere euch: Nicht Mose hat euch das Brot vom Himmel gegeben, sondern mein Vater gibt euch das wahre Brot

---

[35] Joh. 6, 51 Lutherbibel

vom Himmel. Das wahre Brot Gottes ist das, das vom Himmel herabsteigt und der Welt das Leben gibt."[36]

Aus diesem allen konnten die Zuhörenden annehmen, dass es etwas wäre, das Herniederkommen sollte wie das Manna vor alters. Oder sollte es etwas sein, das Seine Hand ihnen verschaffen würde? Aber sie merkten nicht, dass Er es selbst sein könnte, darum forderten sie: „Herr, gib uns allezeit dies Brot." Nun aber sagt Jesus es deutlich heraus und spricht ein Wort, das ihnen sofort die volle Erklärung gibt. Gleichzeitig aber hält Er ihnen nicht vor, dass Ihm ihr Unglaube wohl bekannt ist. „Ich bin das Brot, das Leben schenkt", sagt Jesus zu ihnen. „Wer zu mir kommt, wird nie mehr hungrig sein. Wer sich an mich hält, wird keinen Durst mehr haben."[37] Die Selbstoffenbarung Jesu mit dem Begriff «Ich bin», das unaussprechbare JHWH des göttlichen Namens, ist für die Gesprächspartner unvorstellbar, es war eine harte Rede für viele; denn sie sagten: „Was er sagt, ist unerträglich. Wer kann das anhören?"

Nachdem Jesus das Wort *Ich bin* nun einmal ausgesprochen und den Übergang von der indirekten zur direkten Redeweise gemacht hat, kommt im Verlauf der weiteren Unterredung dieses *Ich bin* in der einen oder anderen Abwandlung *Ich bin* nicht weniger als fünfunddreißigmal vor. Um dies einzuprägen und es ihrem Verständnis eingängig zu machen, ist diese mehrmalige Andeutung nötig: Er selbst ist Kern und Wesen des erwähnten Brotes. Mit anderen Worten könnte Jesus gesagt haben: „Ich, den ihr mit euren Sinnen anblickt, ihm zuhört und euch vorstellt, dass ihr ihn kennt, bin etwas unendlich anderes, als ihr glaubt – obwohl derselbe –, doch unendlich mehr."

Obwohl es aus dem Bericht des Apostels nicht sofort erkennbar wird, führt Jesus das Gespräch mit Sanftmut und Geduld. Jedoch für den, der diesen Bericht ruhig

---

[36] Joh. 6, 30-33 Gute Nachricht
[37] wie vor Vers 35

durchliest, deutet es sich an, dass Jesus Seine Zuhörer nicht bedrängt. Zuerst leitet Jesus Seine Rede zu der einen Entsprechung und geht auf das Äußerliche ein, auf das wirkliche Essen, das Manna. Er führt sie zu einer Szene ihrer Geschichte zurück, über die sie immer mit einem Gemisch aus Freude und Stolz nachgedacht haben: Die Zeit des Aufbruchs ihrer Nation zur Größe. Da wurden nach der Befreiung von der Unterdrückung Pharaos und der Knechtschaft Ägyptens ihre Verfolger durch mächtige Zeichen und Wunder im Schilfmeer ertränkt. Die Kinder Jakobs erhoben sich triumphierend, um als ein besonderes Volk über alle Nationen auf Erden in einen Bund mit JHWH einzutreten. Dann das Wunder des Manna selbst. Es stand dem der Säule aus Wolke und Feuer in ihrer Beurteilung kaum nach. Dies war und ist die Geistesströmung im Volk, um es nur anzudeuten.

Auch in den Psalmen stehen Berichte, wie Gott Manna hatte regnen lassen und es den Kindern Israels als Himmelskorn zur Speise gab. „Der Mensch aß Engelbrot." Allerdings nicht mit der Bedeutung, das was Engel essen, sondern was Engel zubereiteten und beschafften. Man könnte auch sagen: Engelbrot in der Weise, wie wir von Bäckerbrot reden. Die Engel, die Gottes dienstbare Geister, die anerkannten Amtswalter der Natur und der Abläufe in den Geschicken der Welt sind, wirkten auch hier. Der Himmel, auf den hier Bezug genommen wird, ist nicht der höchste Himmel, wo Gott Seinen Sitz und Thron hat und aus dem der Sohn Gottes herabstieg, sondern der Himmel des Firmaments, woher der Tau fiel. Unter diesem lag das Manna, wie im 2. Buch Mose berichtet wird[38]. Manna war eine göttliche Gabe für ein Volk, dem die Wildnis nichts geben konnte. Sobald die Israeliten das grüne Grenzgebiet Ägyptens verlassen hatten, mussten sie auf eine weit ausgedehnte, dürre Öde blicken. In dieser sind vielfach nur schwachsalzige, ungenieß-

---

[38] ...am Morgen lag der Tau rings um das Lager her. Und als der Taunebel aufgestiegen war, siehe, da lag auf dem Boden der Wüste etwas Feines, Körniges ..." 2. Mose 16,13 b + 14, Zürcher Bibel

bare Wasser, die nicht zu trinken sind. Und Schlangen gab's auch, aber nicht das Geringste für den Lebensunterhalt. So war Manna eine Nahrung für diejenigen, die nach Gottes Befehl auf der Durchreise nach dem *Gelobten Land* waren. Sie befanden sich auf dem Weg dorthin, in das Land ihres Erbes, das sie noch nie gesehen hatten. Sie waren keine Knechte mehr, sondern frei, aber noch Pilger und Fremdlinge. Bedeutungsvoll und als äußere symbolische Handlung Gottes ist zu erkennen, dass die Himmelsnahrung ihnen vor dem Durchgang durchs Schilfsmeer noch nicht gegeben war.

Dieser Durchgang weist hin auf das Ebenbild, den Inbegriff des Sakraments der Taufe. Durch das Wasser der Taufe muss auch der neugeborene Christ gehen, bevor er jene geistliche Speise das Leibes Christi essen und den geistlichen Trank trinken kann. So ist in derselben Beziehung auch das Manna zu sehen, es war eine Gabe des Himmels, die den Bedürfnissen aller entsprach; ebenso für das Kind im zarten Alter geeignet wie für den Krieger; ebenso notwendig für den Reichen wie für den Armen.

Als sich unser HErr am Kreuz auf Seinen eigenen Tod und Sein eigenes Leiden bezog, zitierte Er: „Mein Gott, mein Gott, warum hast du mich verlassen?!"[39], und tröstet sich mit dem Gedanken an das eucharistische Opfer selbst: „Es ist vollbracht!" Daraus sollte entspringen: „Essen sollen Demütige und satt werden"[40]; denn Der aus Seinem Todesleiden Auferstandene lädt die irdisch und geistlich Armen ein; denn ein Kind Gottes kann von dieser himmlischen Nahrung nicht unabhängig sein. Was der HErr uns in diesem segensreichen Sakrament gibt, wenn Er sagt: „Mein Fleisch ist die wahrhaftige Speise, und mein Blut ist der wahrhaftige Trank", ist etwas, das völlig unerforschlich ist, es ist das göttliche Geheimnis, ähnlich

---

[39] Psalm 22, 2
[40] Psalm 22, 27a

dem Manna. Die Kinder Israels fanden es vor und stellten die Frage: „הוא מן = *man hu,* – was ist das?"; denn sie wussten nicht, was es war. Es war die tägliche und notwendige Nahrung, bis das Ziel erreicht war. So ist es auch mit der Speise am Tisch des HErrn!

Das Manna, das den sakramentalen Charakter des heiligen Abendmahls erläutert, entspricht dem geistlichen Grundsatz. „Wie mich der lebendige Vater gesandt hat und ich lebe um des Vaters willen, so wird auch, wer mich isst, leben um meinetwillen." Hierin ist es kein Akt äußeren Essens, sondern ein innerer und geistlicher Akt. Bedingt durch die beständige Gemeinschaft Jesu Christi mit dem Vater ist die Unterhaltung des ewigen Lebens gewährleistet. Das eine ist sakramental, das andere rein geistlich. Beides ist wesentlich für den wahren Kommunikanten beim Herrenmahl.

DIE VIERTE BELEHRUNGSSTUFE

„Der Geist ist es, der lebendig macht. Das Fleisch ist nichts nütze."[41] Hier macht Jesus eine bestimmte und förmliche Feststellung des himmlischen Charakters des Sakramentes, wodurch es sich von allen irdischen Vorbildern unterscheidet. Er ist der zweite Adam. Der erste Adam wurde zu einer lebendigen Seele gemacht, der letzte Adam zum lebendig machenden Geist. Die Worte, die ich zu euch rede – Fleisch und Blut, die ich meine –, die sind Geist, und sie sind Leben. Er hatte erkannt, dass Seine Zuhörer daran Anstoß nahmen; auch dass Seine Jünger darüber murrten, und fragte: „Ärgert euch dies?" Anstatt das zurückzunehmen, was Er geredet hatte, macht Er die Tatsache noch kräftiger fest, dass Er wirkliches Essen, wirkliches Teilnehmen meint, als Er hinzufügt: „Wie,

---

[41] Joh. 6,63

wenn ihr denn sehen werdet des Menschen Sohn auffahren dahin, da Er zuvor war?"

„Wenn es euch unglaublich erscheint, mein Fleisch essen und mein Blut trinken zu sollen, während ich lebe und mich auf Erden bewege: wie viel unglaublicher, dass ihr mich dann es-sen sollt, nachdem ihr zugesehen habt, wie ich die Erde körperlich ganz und gar verlasse? Und ihr müsst es, denn nur „wer mich isst, der wird auch leben durch mich".

Es ist der lebendig machende Geist, der zweite Adam, der von den Toten auferweckt wurde, um auf ewig unser Leben zu sein. Wohl hatte der HErr über die Unmöglichkeit gesprochen, es außer durch den Glauben zu empfangen. „Glaubt ihr nicht, wenn ich euch von irdischen Dingen sage, wie würdet ihr glauben, wenn ich euch von himmlischen Dingen sagen würde?"[42]

Er macht das Experiment, ihnen von einer himmlischen Sache zu erzählen; denn es ist der Geist, der lebendig macht. Und wenn der Geist Dessen, der Jesus von den Toten auferweckt hat, in Menschen wohnt, wird Er, der Jesus von den Toten auferweckt hat, auch deren sterbliche Leiber auferwecken durch Seinen Geist, der in ihnen wohnt.

---

[42] Joh. 3, 12

Der erste Adam wurde zu einer lebendigen Seele gemacht und stand im Paradies, dem Ausgangspunkt der Menschheitsgeschichte. Hier hatte der Mensch den täglichen Umgang mit Gott selbst. Allerdings war an diesem Ort eine Gefahr vorhanden: „... von dem Baum der Erkenntnis des Guten und Bösen sollst du nicht essen; denn an dem Tage, da du von ihm issest, musst du des Todes sterben."[43] Damit der Mensch aber nicht im Tode bleibe, sondern ewig lebe im Umgang mit Gott, trat Jesus Christus auf den Plan und führt durch Seine Auferstehung die Seinen in das ewige Paradies. Urgeschichte und Endgeschichte gehören zusammen.

Die uns gegebene Heilige Schrift fängt mit dem Paradies an und mit dem Paradies endet sie auch: „Und es wird nichts Verfluchtes mehr sein. Und der Thron Gottes und des Lammes wird in der Stadt sein, und seine Knechte werden ihm dienen und sein Angesicht sehen, und sein Name wird an ihren Stirnen sein. Und es wird keine Nacht mehr sein, und sie bedürfen keiner Leuchte und nicht des Lichts der Sonne; denn Gott der Herr wird sie erleuchten, und sie werden regieren von Ewigkeit zu Ewigkeit."[44]

Der Abschluss wird größer sein als der Anfang und das Omega gewaltiger als das Alpha. Dort herrscht keine Gefahr, sondern absolute Sicherheit. Nicht mehr die Gefahr, von der die Schlange sprach: „Gott weiß: An dem Tage, da ihr davon esset, werden eure Augen aufgetan, und ihr werdet sein wie Gott und wissen, was gut und böse ist."[45] Und die Schrift verheißt: „Sein Name (bedeutet: Sein Wesen) wird an ihren Stirnen sein." In dem ersten Paradies stand *ein Baum der Erkenntnis*, in den Ewigkeiten ist er nicht erforderlich;

---

[43] 1.Mose 2, 17
[44] Offb. 22, 3-5
[45] 1.Mose 3, 5

denn die Vollendeten werden unmittelbar „Sein Angesicht sehen".

Auf diesem Weg dorthin, auf dem Weg von Paradies zu Paradies, der ein beschwerlicher und leidensvoller Weg sein kann, benötigen wir die angebotenen Sakramente. Das ist die einzige Nahrung, die geistige Nahrung, wie uns Christus gelehrt hat. Und da Christen diese Ernährung in dem Dankopfer der Feier der heiligen Eucharistie erhalten, ist die Gemeinschaft im Hause Gottes die Voraussetzung; denn nur dort steht Sein Tisch! Nur hier erhalten wir die Kraft zum Leben in den Ewigkeiten, ähnlich dem *einen* Baum des Lebens im ersten Paradies. In dem Paradies der Ewigkeiten aber steht eine *ganze Reihe* von Bäumen. In Eden entsprang ein Strom, den Garten zu bewässern, dann aber geht ein Lebensstrom vom Throne Gottes aus.

Zu dem ersten Elternpaar sprach Gott: „... füllet die Erde und machet sie euch untertan und herrschet...!" Der Apostel Paulus verkündet: „... dass die Heiligen die Welt richten ... dass wir über Engel richten werden!" Das zeigt und kündet Herrschaft im Weltall an. Dies ist die hohe Berufung des Menschen, dessen dürfen wir gewiss sein; denn alle Verheißungen Gottes haben sich erfüllt und werden sich erfüllen. Daher ist in allen Beziehungen mit der hohen Berufung verbunden die

NEUE SCHÖPFUNG

> ➤ An uns ein neuer Name, der auf dem Stein geschrieben ist, und den niemand kennt als der, der ihn empfängt. Offb. 2, 17
> ➤ In uns ein neues Lied; denn „sie sangen ein neues Lied" vor dem Thron Gottes. Offb. 14, 3
> ➤ Um uns ein neues Jerusalem, wie Johannes sah: „... ich sah die heilige Stadt, das neue Jerusalem, von Gott ..." Offb. 21, 2
> ➤ Unter uns eine neue Erde; denn „der erste Himmel und die erste Erde sind vergangen"

- ➢ Über uns ein neuer Himmel. Offb. 21, 1
- ➢ Letztendlich stehen vor uns stets neue Offenbarungen der nie endenden Liebe unseres Gottes.

Durch die Sphären und Welten der erneuerten Schöpfung wird brausend das triumphierende Jubellied erklingen:

DEM, DER AUF DEM THRON SITZT, UND DEM LAMM
SEI LOB UND EHRE UND PREIS UND GEWALT VON
EWIGKEIT ZU EWIGKEIT! OFFB. 5, 13

Wir danken dir, unser Vater,
für das Leben und die Erkenntnis,
die du uns geoffenbart hast durch Jesus
deinen Knecht.
Dir sei Ehre in Ewigkeit.
Wie dies gebrochene Brot zerstreut war
auf den Bergen und zusammengebracht
eins wurde,
so werde deine Kirche zusammengebracht
von den Enden der Erde in dein Reich.[46]

---

[46] Aus der ältesten christlichen Kirchenordnung (Didache um 100)

TAGESNEIGE

Am Meeresgestade kommt vor der Nacht,
gar sacht,
Dämmerung auf.
Seit ewigen Zeiten nun wied'rum beginnt,
geschwind,
so wundersam mild, ein leuchtendes Bild.
Es säuselt der Wind –, sehr lind.

Die Sonne sie gehet nach glühendem Tag,
gar sacht,
ins Schlafgemach.
Die Wolken nun tragen in strahlendem Gold,
so hold,
kristallenklar rein, den Wunderschein.
Es säuselt der Wind –, sehr lind.

Des Tages Unrast und Wirrnis der Zeit,
gar sacht,
sinket ins Meer.
Gutes und Böses die Sonne beschien,
hienie'n.
Faltet die Hände, 's ist Tagesende!
Es säuselt der Wind –, sehr lind.

Die Sterne leuchten mit silbernem Schein,
gar sacht,
in reiner Pracht.
Sie künden vom Morgen der Ewigkeit,
ohn' Zeit.
Unendliches Licht verlässet uns nicht.
Es säuselt der Wind –, sehr lind.